本书受

国家社会科学基金青年项目（项目号：18CJY024）的资助

国际准前沿经济体的技术进步机制

从追赶导向到竞争导向

THE TECHNOLOGICAL PROGRESS
MECHANISM OF INTERNATIONAL QUASI-FRONTIER
ECONOMIES:

FROM CATCH-UP ORIENTATION TO
COMPETITION ORIENTATION

宋学印◎著

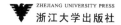
ZHEJIANG UNIVERSITY PRESS
浙江大学出版社

图书在版编目(CIP)数据

国际准前沿经济体的技术进步机制:从追赶导向到竞
争导向 / 宋学印著. —杭州:浙江大学出版社,2020.9
ISBN 978-7-308-20624-2

Ⅰ.①国… Ⅱ.①宋… Ⅲ.①工业技术—技术经济分
析 Ⅳ.①F403.7

中国版本图书馆 CIP 数据核字(2020)第 183121 号

国际准前沿经济体的技术进步机制:从追赶导向到竞争导向
宋学印 著

责任编辑	陈思佳	
责任校对	杨利军 汪 潇	
封面设计	雷建军	
出版发行	浙江大学出版社	
	(杭州市天目山路 148 号 邮政编码 310007)	
	(网址:http://www.zjupress.com)	
排　　版	杭州中大图文设计有限公司	
印　　刷	广东虎彩云印刷有限公司绍兴分公司	
开　　本	710mm×1000mm 1/16	
印　　张	11.25	
字　　数	166 千	
版 印 次	2020 年 9 月第 1 版 2020 年 9 月第 1 次印刷	
书　　号	ISBN 978-7-308-20624-2	
定　　价	38.00 元	

前　言

　　包括中国在内的全球新兴工业化经济体（new industrializing economy，NIE）的下一个时代主题是什么？纵观各 NIE 自 20 世纪 50 年代以来的增长特征与经验，可归结出两大共同轨迹：第一，均经历过一段 20 年左右甚至更长时期的高速增长，施行高度相似的技术发展模式——追赶导向型模式，即通过有导向的大规模投资，有意识维持较弱的市场竞争、较弱的知识产权保护、较密集的吸收外资溢出和较高强度的政府补贴，实现资本维度的快速积累和技术维度的快速吸收，推动国民经济高速增长。第二，大部分 NIE 在仍然远离国际前沿时，增长进程陡然滞缓。按照 Gill and Kharas（2007）的总结，大部分 NIE 将陷入"中等收入陷阱"；按照 Kehoe and Meza（2012）的总结，大部分 NIE 追赶导向型战略的未来是——"停滞"。

　　经济增长的根本动力在于技术进步。NIE 陷入"中等收入陷阱"或"停滞"的深层原因在于，曾支撑其高速增长的追赶导向型技术进步模式随着技术差距动态递减而趋于低效，但却未能平滑转向新的技术进步模式以及相应的整套技术创新激励体系。本书力求在熊彼特主义增长框架内，讨论以扩大竞争激励创新为核心的竞争导向型技术进步模式在发展中经济体从远离前沿到接近前沿转变过程中的效应变化，进而同样以技术差距视角审视知识产权保护、吸收外资溢出、政府研发补贴等技术创新激励工具的效应变迁与政策设计,力图为发展中经济体规避"陷阱"和最终赶上世界技术前沿提供系统的理论基础与新的政策洞察。

具体而言,本书得到如下研究成果。

第一,在技术维度,首次将世界各国划分为远离前沿、国际准前沿和国际前沿三类经济体。这一技术维度的划分,为发展中经济体的技术进步模式及相应的各种技术进步激励政策优化与调整提供了一个量化参考。根据14个全球新兴工业化经济体的典型化事实分析和基于115个经济体的跨国面板数据计量分析,本书认为以本国劳动生产率为代表的技术水平约为美国的2/5及以上时,可认为发展中经济体从远离技术前沿进入准技术前沿阶段。

第二,在国际准前沿阶段,扩大市场竞争引致的创新效应将超越技术差距引致的追赶效应,是规避潜在的技术"追赶陷阱"、加速向国际技术前沿收敛的根本技术进步动力。基于 Acemoglu et al. (2006)基准框架,吸收 Aghion et al. (2005)的创新到达率思想,本书构建出一个纳入技术差距的熊彼特主义增长模型,研究揭示:对于远离前沿的经济体来说,发挥技术差距追赶效应的追赶导向型技术进步模式可引致快速技术进步,而扩大竞争将导致低水平竞争困境;对于国际准前沿的经济体来说,采取追赶型模式会面临潜在技术"追赶陷阱",而扩大竞争则可激励企业转向竞争导向型技术进步模式,跨越技术"追赶陷阱",加快向国际前沿收敛。政府可在规避"陷阱"、推动技术进步模式适时转换中发挥重要外组织功能。

第三,依据技术差距,递进型知识产权保护将产生动态性质的示范效应,相比平齐型和门槛型知识产权保护是更优的,可化解长期以来知识产权保护与市场竞争之间静态的"诺德豪斯困境"。当给予越接近技术前沿的企业越高的知识产权保护水平时,距离技术前沿较远的处于不同技术阶梯上的企业均获得激励加大研发投入,推进技术阶梯提升,以获取更好的知识产权保护。并且,当行业内企业的技术水平均接近前沿时,扩大竞争将引致"超越竞争效应",使企业有动力加大研发投入,推动技术进步,而下一个更高阶梯上更强的知识产权保护预期将放大"超越竞争效应",进一步激励企业进行技术创新,两者在激励企业创新和技术进步方面呈现互补性质。

第四,外资企业进入非前沿经济体同时存在溢出效应和竞争效应,溢出效应随着技术差距变小而趋弱,竞争效应则呈非线性,当技术差距缩小至临界值后,外企进入的竞争效应将在促进非前沿经济体技术进步中发挥显著作用。基于中国数据的经验研究发现,外资企业进入后非前沿经济体技术变迁的整个过程中,其技术进步效应可能呈现的是"∽"形性态,而并非传统上理解的"U"形性态。

第五,高集中度的政府补贴对企业创新存在抑制效应,以竞争兼容方式实施的政府补贴可弱化负面影响,并通过激励竞争渠道对企业创新产生正面影响,然而当市场竞争本身已经过于激烈时,政府补贴趋于失效。基于一个简化的熊彼特主义竞争模型刻画上述机制后,以中国工业企业数据库的计量研究发现,补贴政策存在一个行业竞争水平和技术差距水平两大行业异质性特征的最优实施空间,应优先补贴竞争程度较低、技术差距较小的准前沿行业,当补贴政策越偏离最优实施空间时,施政效果可能越会背离政策制定者的初衷。

目　录

第一章 导 论

一、选题背景与研究意义

(一)选题背景

中国是经济规模最大的新兴工业化经济体,历经 30 余年的高速发展,中国在 2010 年跃居国民生产总值世界第二,在 2013 年跃居货物贸易额世界第一。[①] 从规模来看,中国无疑已成为世界经济大国。然而,近年来以中国经济增长的质量、增长可持续性、国际比较优势升级、全球价值链地位等为关键词的"中国研究",逐渐受到国内外学者的广泛关注。诸多"中国研究"热点,在增长与发展理论中可归结为一个共同研究主题,即中国以及其他 NIE 最终能否以及如何赶上世界经济前沿。

从技术维度来看,Solow(1956)以来的新古典增长理论和 Romer(1990)以来的内生增长理论,均认为技术进步是经济增长的根本动力。Gerschenkron(1962)以来的后发优势理论、Barro and Sala-i-Martin(1995)以来的技术扩散理论,认为发展中经济体可以利用技术差距蕴含的后发优势,通过模仿吸收国际先进知识溢出,获得比自主创新更快的

[①] 数据源自中国与全球化智库(CGG)《中国企业全球化报告(2015)》。

技术进步。实际上,包括中国在内的新兴工业化经济体,正是利用国际直接投资(foreign direct investment,FDI)和国际贸易等渠道,广泛吸收世界发达国家先进知识溢出,推动与国际前沿的技术差距迅速缩小。

然而,以吸收国际知识溢出为机制的技术进步模式的有效性,会随着发展阶段和技术差距条件的改变而发生动态变化。2011年,英国《经济学人》曾在其封面上以标题写道"赶上世界经济前沿,十足困难",并特别提及中国,指出"中国及其他新兴经济体正在进入一个艰难且棘手的中等收入阶段①,先前可吸收世界发达国家技术的巨大优势正在消失"。显然,技术进步模式在新阶段下的转换,是摆在中国等新兴工业化经济体面前的迫切议题。

无独有偶,中国经济增速过去五年来出现显著的阶梯式下滑,2011—2015年平均增速相比1978—2010年,下跌幅度超过1/4(图1.1)。尽管2008年国际金融危机的蔓延以及随后欧洲陷入严重的债务危机泥潭,进而导致外部需求萎缩是中国增速下滑的部分解释,但中国的经济增长态势已经进入一个长期的而非短期所谓"触底反弹"时期,陷入"中等收

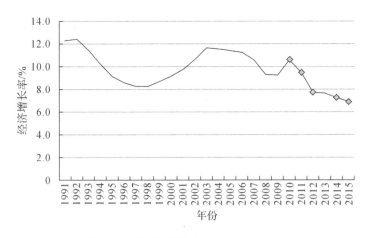

图1.1 中国经济增速(1991—2015年)

注:数据源自中国国家统计局网站。

---

① 关于发展中国家在中等收入阶段经济增长方面面临的困难,最早见于世界银行经济学家 Indermit Gill and Homi Kharas(2007)提出的"中等收入陷阱"(middle income trap)概念。

入陷阱"风险增大,亟须转向新的技术进步模式以继续支撑中高速经济增长和技术差距收敛,这成为主流共识。

各新兴经济体在其高速增长时期的发展经验,从技术进步维度看实际上可归结为一个共同发展模式——追赶导向型技术进步模式,即通过有导向的大规模投资(物质体现型技术进步),有意识维持较弱的市场竞争、较弱的知识产权保护、较密集的外资引进、较集中的政府补贴,实现资本维度的快速积累和技术维度的快速模仿吸收,推进国民经济高速增长。

那么一个自然的问题是:新兴经济体实施追赶导向型技术进步模式,能否支撑其跨越"中等收入陷阱"并最终向世界技术前沿收敛呢?

从跨国比较视野来看,国际经验已经做出事实上的回答。大部分新兴经济体在仍然远离国际前沿时,其增长进程便陡然陷入滞缓。《经济学人》所指的中等收入阶段"艰难且棘手"含义深刻且具有广谱性。事实上,20 世纪 50 年代至 70 年代的日本,60 年代至 70 年代的墨西哥,60 年代至 80 年代的韩国、新加坡等经济体均曾经历过一段跨期 20 年以上、增速 8% 以上的高速增长时期,但当人均收入水平大致达到同期美国的 50%～70% 时,经济增速都出现"过早收敛"——普遍阶梯式下跌。上述国家出现增速"过早收敛",导致其与国际技术前沿相比存在一个长期难以收敛的最后的人均收入差距。Kehoe and Meza(2012)以墨西哥的经验表明,追赶导向型战略在中等收入阶段之后往往陷入僵局,无法支撑新兴经济体缩小最后的收入差距。按照 Gill and Kharas(2007)的总结,大部分 NIE 将陷入"中等收入陷阱";按照 Kehoe and Meza(2012)的总结,大部分 NIE 追赶导向战略的未来是"停滞"。

回到中国来看,中国 2015 年人均 GDP 接近 8000 美元,而随后 5 年来增速显著下滑,表明我们正在经历"艰难且棘手"的中等收入阶段。即使未来 5—10 年,中国跨入世界银行划分的高收入经济体行列,但与美国等前沿发达国家相比,仍然存在相当大的差距。从技术维度来看,中国制造业总体技术水平与美国相比已由过去的 20% 左右上升至当前的 50% 以上(图 1.2)。与收入维度的划分相对应,可将包括中国在内的新兴经济体技术水平概括为准技术前沿阶段,那么,在处于中等技术水平并逐步接近世界技术前沿的新情景下,中国能否以过往的追赶导向模式维持快速技术进步并最终成功跃升至世界技术前沿？ 如果不能,该如何转型？ 转型的理论基础、经验证据以及相应整套激励机制支撑又是什么？ 这些可能是包括当下中国在内的众多新兴工业化经济体面临的并亟须解答的焦点问题。这构成了本书的主要背景。

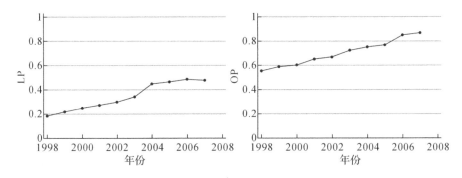

图 1.2   中国制造业与国际前沿技术水平的总体技术差距动态

注:左图为以劳动生产率(LP)表示的技术差距,右图则为用 OP 法计算的全要素生产率水平差距。数据源自中国工业企业数据库。计算样本不包含行业代码小于 13 和大于等于 44 的企业数据。

(二)研究意义

对于发展中经济体在技术差距较大时期的高速增长,以及技术差距较小阶段,经济增速普遍面临大幅阶梯式下滑的历史事实,Grossman and Helpman(1991a、1991b、1991c)构建的南北贸易模型、Barro and Sala-i-Martin(1995)构建的技术扩散模型,以及近期较为丰富的拓展型文献,已经指出非前沿经济体在通过引进和模仿国外技术实施技术追赶的过程中,存在技术进步率下滑的现象。Barro and Sala-i-Martin(1995)从落后国模仿成本逐渐增大的假设得出技术进步率将逐渐下滑的结果;Currie et al.(1999)、黄先海和谢璐(2003)等则基于南北贸易模型得出南方国家从模仿转向创新具有条件性而非必然性;Stokey(2015)则从吸收能力角度指出后发国家人力资本密度欠缺将导致后期吸收先进技术能力下滑从而增速下降。既有文献为本书提供了较为厚实的理论基础和研究启发。

然而,上述模型很少可以直接将发展中经济体与世界技术前沿的技术差距纳入模型分析,从而无法直观观察到曾经有效的追赶导向型技术进步模式在技术差距条件变化下走向低效的动态机制(微观机制上表现为不再是企业的最优选择)。直到最近,易先忠(2016)、Acemoglu et al.(2006)、Chu et al.(2014)等的少数成果,将技术差距变量以显性的方式纳入技术扩散模型,指出在技术差距小于某临界值后,发展中经济体需要从模仿转向创新。但遗憾的是,上述模型虽然已经从技术差距角度刻画出追赶经济体面临的增速下滑以及可能"过早收敛"的风险,但并没有给出关于规避风险、跨越"中等收入陷阱"、进一步缩小技术差距、最终赶上世界技术前沿的更多信息。

自Solow(1956)以来的新古典增长理论和Romer(1987、1990)等的新增长理论,均强调技术进步是经济增长的持久源泉,那么,一个合理的推断是,中等收入阶段广泛出现的经济增长率下滑的深层机制,实际上是技术进步率的下滑。新兴工业化经济体难以收敛的人均收入差距,可能正是源于与世界技术前沿国家相比,存在一个难以收敛的最后的技术差距。而且重要的是,缩小最后的技术差距要比缩小收入差距难度更大,Barro and Sala-i-Martin(1995)指出,尽管日本、新加坡等佼佼者的人均收入水平已经非常接近甚至超越了美国,但人们普遍认为,美国几乎在绝大部分前沿技术领域均长期占据着技术领袖地位。

迄今为止新增长理论的最大共识是,研发创新是推动技术进步的关键要素,而市场竞争是驱使企业研发的根本机制(Ahgion and Howitt,1992)。Stiglitz(2013)直接指出,欧洲与美国长期存在的技术差距,源于欧洲存在"创新赤字",原因则在于欧洲相比美国,市场的竞争不足。结合上述理论溯源和中国现实,本书的研究意义正在于从竞争角度回答下列一系列问题。

1. 理论层面

第一,是否可以整合技术扩散理论和新增长理论,从影响企业技术创新的根本机制——竞争视角——出发,构建一个可讨论发展中经济体从远离前沿到准前沿并最终赶上技术前沿完整路径的一致理论,同时探讨其中是否可能存在的技术追赶陷阱,导致发展中经济体在接近技术前沿条件下陷入停滞?

第二,是否可以在技术差距动态条件下,探讨发展中经济体不同形式的知识产权保护与技术创新的关系? 特别是,知识产权保护与市场竞争的关系在技术差距较小也即准前沿条件下,其本身是否会发生变化?

第三,吸收外资知识溢出是发展中经济体推进技术进步的另一重要途径。那么是否可以在技术差距动态条件下,观察发展中经济体由外资进入引致的技术溢出效应和市场竞争效应的动态变化?

第四,各类形式的政府补贴是发展中经济体激励企业创新和技术进步的常用工具,那么不同类型的政府补贴实施方式以及补贴目标产业的不同是否会存在不同的创新效应? 该如何设计不损害竞争的补贴方式从而协同促进技术创新?

2.现实层面

包括中国在内的新兴经济体,在技术水平不断提高并逐步接近世界技术前沿的新情景下,能否以既往的追赶导向型模式维持快速技术进步,并最终成功跃升至世界技术前沿? 如果不能则该如何进行转型? 这显然涉及一整套相应的技术进步激励机制转型,其中特别是竞争政策、知识产权保护政策、外资利用政策以及补贴政策等政策工具在激励创新中是否存在冲突? 这些问题的回答对新兴工业化经济体在政策制定、各种激励政策协调方面具有重要意义。

二、研究思路、结构与内容

(一)研究思路

基于对发展中经济体在准前沿技术阶段普遍经历经济增长率和技术进步率"过早收敛"的典型化史实的考察,本书整合溢出驱动的技术扩散理论和研发驱动的新增长理论,吸收熊彼特主义创新竞争思想,力图以市场竞争的技术创新效应为线索,构建出一个可清晰刻画非前沿经济体在从远离技术前沿到准技术前沿转变过程中的最优技术进步模式及其内生转型机制,揭示追赶导向型技术进步模式存在"追赶陷阱"的潜在可能以及规避陷阱的可行条件,进而分别讨论知识产权保护、外资溢出吸收和政府补贴三大激励工具各自在技术差距动态条件下的效应变化以及与市场竞争在协同激励创新方面的相关关系,在与世界技术前沿技术差距不断缩小并逐步接近的新情景下,为包括中国在内的新兴经济体推进技术进步模式转型、构建新型激励政策体系提供理论基础、经验证据和政策启示。

(二)技术路线与结构逻辑

依据研究思路,本书技术路线如图 1.3 所示。

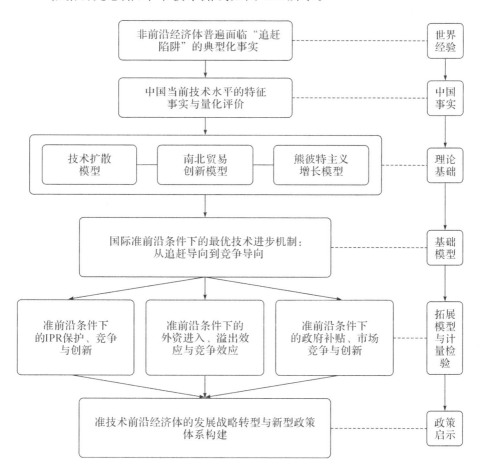

图 1.3　本书技术路线

经验事实表明，新兴工业化经济体在高速增长时期实施一种高度相似的技术进步模式——追赶导向型技术进步模式。追赶导向型模式的技术进步动力以吸收模仿为核心。而国际典型化事实证明，普遍被非前沿经济体使用的追赶导向型技术进步模式，并不能支撑非前沿经济体在准前沿阶段继续向技术前沿收敛。① 而熊彼特主义的新增长理论则表明，市场竞争是推动企业研发创新和技术进步的根本机制。为此，我们将首先在一个产品和要素不存在流动但知识信息可以跨国溢出的熊彼特主义增长模型下进行讨论，并暂时隔离企业面临的其他激励环境，以单纯观察以吸收模仿为动力的技术进步模式和以竞争创新为动力的技术进步模式在技术差距变迁下的绩效动态，并特别关注在准前沿阶段两种技术进步模式在推动技术进步中的地位变化。该部分的讨论构成全书的分析基础和枢纽。

本书的基础模型实际上是在一个无摩擦的熊彼特主义增长环境中，讨论以吸收溢出为动力和以竞争创新为动力的两种技术进步模式在技术差距变迁下的效应动态，暂时隔离了企业在面临其他外部激励环境的研发创新努力：知识信息无成本跨国溢出（知识产权保护），资本要素不存在跨国流动（外资进入），不存在政府外部激励（补贴）。然而，在现实中，发展中经济体的追赶导向型技术进步模式往往内含三大广泛利用的技术创新激励工具：较弱的知识产权保护、较密集的引进外资溢出、集中度较高的政府补贴。而竞争导向型技术进步模式是以扩大市场竞争促进创新为核心的，与之相应的是更强的知识产权保护、更宽松的外资进入条件（以促进国际竞争）、覆盖率更高的补贴（以吸引更多潜在企业进入市场）。

因此，一个自然的并且必要的延伸是：①探讨知识信息流动存在成本即知识产权保护政策对不同技术差距的经济体或企业的技术创新激励效应；②观察允许资本要素流动即FDI进入非前沿经济体在技术差距条件下的效应动态；③探讨存在政府外生干预特别是不同实施方式的

---

① 按照林毅夫（2016）的观察，二战以来世界上只有两个经济体完成了由低收入到中等收入再转为高收入的完整过程，其他以低收入起步的经济体包括NIE，实际上现在仍未跨越中等收入阶段，相当一部分发展迟滞不前，甚至技术差距在扩大。

政府补贴的技术创新激励效应。重要的是,本书将分别考察知识产权保护、外资引进、政府补贴三种激励工具各自在技术差距收敛过程中的技术进步效应动态,特别是在准技术前沿阶段,它们各自与市场竞争这一促进创新的根本机制之间的相互关系。从而可对准前沿经济体的技术进步模式转变以及相应的整套激励政策的协调与转型提供系统的理论基础、经验证据和新的政策洞察。

上述构成本书技术路线背后的研究逻辑。

(三)主要内容安排

依据研究思路和技术路线,本书主要开展如下研究内容。

第一章,导论。本章首先对主要新兴经济体在追赶世界技术前沿过程中特别是进入中等收入阶段和接近世界技术前沿后,普遍经历经济增长率和技术进步率大幅下滑的现象、特征与规律进行历史考察和归纳,提出追赶导向型模式,引出本书研究背景,随后简要介绍研究主题、思路、方法、框架、可能创新之处。

第二章,文献综述。与本书相关的文献主要分为四个大的方面,一是发展中经济体技术追赶机制及其变迁,其中特别涉及南北模仿模型、技术扩散模型以及最近的一系列拓展文献。二是技术差距条件下的知识产权保护、市场竞争与企业创新关系。三是技术差距条件下的外资进入的溢出效应与竞争效应。四是技术差距条件下的政府补贴、市场竞争与企业创新关系。

第三章,从远离前沿到准前沿的最优技术进步机制:由追赶到竞争。本章意在为全书提供一个基础模型和后续各章的讨论基础——各种激励工具与市场竞争的关系。借鉴 Acemogelu et al.(2006)提供的熊彼特主义增长模型基本框架,本章直接从市场竞争对处于不同技术水平的企业的研发创新行为的不同影响这一新视角出发,试图构建一个可清晰刻画发展中经济体从远离技术前沿到准技术前沿并最终可能收敛至世界技术前沿完整图谱的一致模型,揭示以大规模投资和模仿引进国外技术的追赶导向型战略在技术差距动态下的效率变化,以及企业在技术差距较小条件下最优技术进步模式的内生变化机制。

第四章，国际准前沿条件下的市场竞争、知识产权保护及其创新互补性。当前知识产权政策研究存在两个争论：一是对于处于行业技术前沿地位的企业是否应该给予更强的知识产权保护，二是知识产权保护是否损害市场竞争。本章基于 Aghion et al.(2005)提出的阶梯创新框架，吸收 Acemoglu and Akcigit(2012)提出的涓滴效应思想，构建了一个多部门熊彼特主义的创新模型，讨论技术差距条件下的知识产权保护政策及其与市场竞争的关系，并以中国工业企业数据库为基础，对上述理论关系进行计量检验。

第五章，国际准前沿条件下的外资进入、市场竞争与技术溢出。本章实际上是第三章的自然延伸和拓展。被认为携带有先进技术的外资进入，必然同时产生两种效应：溢出效应和竞争效应。但对于技术差距水平不同的国家和行业而言，溢出效应和竞争效应的地位、规模存在差异。本章意在构建模型，探讨溢出效应和竞争效应在技术差距条件下的动态变化，并以中国工业企业数据库为基础，对理论进行计量检验。

第六章，国际准前沿条件下的市场竞争、政府补贴及其最优实施空间。关于补贴政策研究的主要争论在于，政府补贴是否因更容易被行业市场势力大的领导企业所俘获而抑制了竞争。本章力求从竞争和创新的角度，综合考察补贴强度、补贴竞争兼容度、补贴目标产业等政府补贴行为对创新绩效的不同影响。

第七章，结论与启示。本章对全书进行理论总结，并较为详细、系统地提出中国等新兴经济体在准技术前沿阶段的发展战略以及相应政策体系的转型方向和建议，最后指出本书研究局限即下一步拓展方向。

三、主要研究方法

在经济模型分析层面，本书主要采用动态最优化方法和工具，借助技术扩散模型、产业组织理论、内生经济增长理论展开分析。研发竞争、知识产权保护、外资进入、补贴的创新效应均需要考虑行业内技术前沿企业、技术落后企业的技术差距变量，以及相应的策略性博弈，因此本书在不同章将使用递归形式的贝尔曼方程、博弈论等基本工具对企业最优化行为进行分析。另外,本书还采用系统分析方法,因单一企业的创新活动具有不确定性和相关性,但行业内众多企业的创新活动将显著降低创新活动的不确定性,不同技术水平企业之间的竞争关系将对宏观层面的技术进步产生影响。

在计量研究层面,本书主要使用基本的计量经济学和动态计量经济学方法,广泛使用普通最小二乘回归法(OLS)、面板混合回归(POLS)、面板固定效应(FE)、面板随机效应(RE)方法,并在部分章使用动态面板差分回归(SYS-GMM)、面板倾向得分匹配法(PSM)、分位数回归(QR)等计量方法。

四、研究重难点与可能创新之处

(一)研究重难点

在理论研究层面,本书研究的重点和难点,集中在如何整合技术扩散模型、南北模仿-创新模型和熊彼特主义的竞争创新模型,构建出一个可同时讨论分析竞争、知识产权保护、外资进入、政府补贴等影响创新行为环境变量的一致模型,观察三种主要技术进步激励工具在非前沿经济体逼近世界技术前沿条件下的动态变化。保持模型的一致性具有较大挑战。

在计量研究层面,部分章需要对多个发展中经济体、新兴经济体在20世纪50年代以来的经济发展增长率、技术差距、知识产权保护水平、市场竞争水平等变量进行计量检验,保证跨国数据的可比性与完整性面临较大困难。

(二)可能的创新之处

本书可能的创新之处体现在以下几个方面:

第一,跳出技术扩散模型、南北模仿-创新模型对发展中经济体国家(南方国家)在技术追赶初期仅模仿或追赶后期仅创新的假设,吸收熊彼特主义的竞争创新思想,直接将影响创新的根本机制——竞争条件——和影响企业模仿创新效率的根本机制——技术差距条件——同时整合进一个熊彼特主义的企业竞争创新模型中,试图构建出一个可直接观察发展中经济体从远离技术前沿到准技术前沿再到赶上前沿的完整路径,并讨论市场竞争条件如何影响企业从追赶模仿战略转向研发竞争战略最优选择的转型时机、潜在陷阱以及收敛机制。

第二,跳出知识产权保护长期面临的诺德豪斯困境(Nordhaus Trade-off),力求在技术差距条件下考察知识产权保护效应的动态性以及与竞争政策的创新互补性。传统认为对技术水平越高、越接近技术前沿的企业,应给予其越弱的知识产权保护,削弱其市场势力,促进市场竞争和知识扩散影响。而我们认为,对越接近技术前沿的企业应给予其越强的知识产权保护,特别对市场竞争激烈的技术前沿行业或国家,即在准技术前沿条件下,知识产权保护与市场竞争在激励企业创新方面是可以相互辅助的,这点与关于知识产权保护的传统主流智识存在较大差异,且对准前沿国家具有重要政策含义。

第三,尝试构建出一个可同时分析外资进入对非前沿经济体的溢出效应和竞争效应的熊彼特主义的增长模型。当前文献对于外资进入对东道国产生的创新效应仍然集中在溢出效应方面,本书试图证明,在非前沿经济体技术水平与世界技术前沿差距逐渐缩小的过程中,溢出效应将逐步减弱,并且当减弱到某临界值后,外资进入的竞争效应将发挥主导作用,而非溢出效应。该理论预期同样对新兴经济体的外资引进和利用政策具有启发意义。

第四,尝试在熊彼特主义的竞争模型内,讨论准技术前沿条件下不同类型的政府补贴政策的实施方式与市场竞争、技术创新的不同关系。当前关于补贴政策研究文献的不足在于,对补贴与竞争进而与创新这一关乎政策绩效的重要关系缺乏足够的理论关注,也无法在一个框架内对不同施行方式的补贴的政策绩效进行细致分析。本书力求在这方面给予较为细致的讨论。一个基本的结论是,政府补贴对企业创新存在抑制效应,而以竞争兼容方式实施的政府补贴可弱化负面效应,并通过激励竞争渠道对企业创新产生正面影响,并且从行业异质性来看,政府补贴存在一个行业竞争水平和技术差距两大行业特征的最优实施空间。

第二章 文献综述

一、新增长理论中非前沿经济体的技术进步

从技术维度来看,已处于中等技术水平并逐步接近世界技术前沿的准前沿经济体能否以过往的追赶导向战略维持快速技术进步并最终成功跃升至世界技术前沿?如果不能则该如何转型?可能是当下包括中国在内的新兴经济体亟须解答的焦点问题。从国际比较视野来看,纵使日本、韩国、新加坡等曾先后创造"奇迹"的新兴经济体,在收入水平方面与美国的差距已趋于消失甚至已超越了美国,但与美国所处的世界技术前沿领导地位仍存在长期的未收敛的技术水平阶差(Gill and Raiser,2012;Stiglitz,2015)。

迄今为止,在技术差距条件下,对远离技术前沿的国家或企业的技术差距动态、技术追赶的机制进行阐释的研究文献,可主要分为三类:一是在 Lucas(1993)、Young(1991)首创的国际贸易的"干中学"效应模型中讨论落后国家的技术差距动态;二是在 Grossman and Helpman(1991b)、Barro and Sala-i-Martin(1995)等首创的南北产品周期模型或技术扩散模型中讨论南方国家的创新模式;三是在 Aghion and Howitt(1992)首创的熊彼特主义的破坏性创新模型中讨论技术落后国家的技术差距收敛动态。我们对其展开简要梳理。

（一）基于"干中学"效应的新增长理论

尝试将以"干中学"为源泉的技术进步内生化始于 Arrow(1962)，但以现代规范形式探讨"干中学"效应对不同国家的技术进步影响则始于 Krugman(1987)、Lukas(1988)、Stokey(1991)等。Krugman(1987)运用连续产品模型，在一般均衡框架里分析"干中学"效应对不同国家的比较优势及其动态的形成机制：如果两国基于禀赋结构不同具有在不同产品上的技术（成本）优势，贸易开放后各国的初始技术优势将得到强化并决定一国长期比较优势。Lucas(1988)最早观察到不同产品的生产过程将产生不同的学习效应，假定从高科技产品的生产过程中获取的"干中学"效应要高于传统产品，如果欠发达国家和发达国家在初始技术优势下专业化生产低技术产品与高技术产品，在学习效率异质性假定下，发达国家产出增长率将进一步高于欠发达国家。

上述早期文献的主要贡献在于强调，即使不实施 Romer(1990)等指出增长所必需的研发（R&D）活动，发展中国家也可通过生产贸易品伴随的"干中学"效应机制产生长期的增长效应。然而，其模型的结论认为发展中国家的未来是悲观的，即在开放条件下，发达国家可以获得比发展中国家更快的技术进步和经济增长。Stokey(1991)、Matsuyama(1992)也认为虽然开放贸易对落后国家具有增长效应，但其相比发达国家而言是相对不利的，因为动态的"干中学"机制使初期的相对比较优势更加显著，从而发展中国家倾向于长期专业化生产低技术产品，发达国家则长期专业化生产高技术产品。正如 Lucas(1993)指出的，上述早期"干中学"效应研究的一个主要不足在于，"一国先天落后将长期落后"，这无法解释"亚洲四小龙"的增长奇迹。

Young(1991)、Chuang(1998)等关于"贸易中学"与技术差距动态的研究则修正了上述悲观结论。Young(1991)吸收不同产品具有不同学习效应的思想，提出不同产品周期阶段的产品具有不同的学习效应的细化观点，具体认为新产品相比老产品具有更明显的学习效应，如果发展中国家具有相对发达国家更为丰富的劳动力，并且与发达国家的技术差距较小时，发展中国家就可配置相对较多劳动力到新产品产业，获得更多新产品生产经验和学习效应,从而可能在新产品上超越发达国家的技术进步速度,实现对发达国家的追赶。Chuang(1998)指出,只要发达国家(A)和发展中国家(B)的开放度(ω_{AB})、技术水平(T_A、T_B)、从事贸易产品生产的劳动力供给水平(L_A、L_B)满足条件

$$\omega_{AB}\left[T_A(t)-T_B(t)\right]>\frac{L_A(t)-L_B(t)}{L_B(t)},$$

那么,远离技术前沿的国家就可以获得比技术前沿国家更快的技术进步和经济增长,从而缩小技术差距。Chuang(1998)的主要贡献在于指出"贸易中学"引致的学习效应对前沿国与落后国是非对称的,前沿国与落后国的技术差距越大,落后国所获得相对学习效应之差就越大,其技术进步和增长率就相对越大。

遗憾的是,Chuang(1998)关于"贸易中学"效应可在某种条件下加快落后国技术进步的积极观点,并没有使得后续研究朝更积极的方向拓展,大部分关于贸易"干中学"效应的研究文献(Goh and Oliver,2002;Nakajima,2003)仍然沿袭 Young(1991)最初的观点:"干中学"效应对落后国具有增长效应,但比较优势的固化,导致落后国的相对技术差距并不会收敛。其实,即使在 Chuang(1998)的研究中,当落后国的技术水平与前沿国的技术差距较小时也即其变为准前沿国家时,与前沿国的继续贸易,将使前沿国将相对更多的劳动力节省转移至高技术产品的研发生产部门,导致准前沿国家的技术差距再次扩大的可能性增大。

在对"干中学"效应的研究方面,Chu et al. (2014)对全球产品分工生产链新情景下的"干中学"效应与发展中国家的技术发展动态进行了考察。佟家栋、彭支伟(2007)认为,当前全球贸易的产品内分工形式,导致"干"与"学"国际分离,使传统上的对发展中国家的正面的"贸易中学"效应,对本国技术水平的提高作用进一步趋弱。总之,主旨为贸易模式研究的"干中学"效应的相关文献,即使可以揭示远离技术前沿经济体实现技术追赶的可能条件,但并没有提供更多关于非前沿经济体最终如何赶上技术前沿经济体的理论揭示和政策启示。

(二)基于"研发驱动"的新增长理论

在一类"研发驱动"的增长文献中,Rivera-Batiz and Romer(1991)基于知识研发具有规模报酬递增的假设,率先提出两国在自由贸易和经济一体化后,将会产生更多的知识和更快的经济增长结论(简称"知识溢出模型")。该模型的延伸含义为,如果一个远离技术前沿的国家从事研发活动的技术人员多于前沿国家,那么将获得更快的技术进步。然而,这一结论与经验事实严重不符(Backus and Kehoe,1992;Jones,1995)。Edwards(1998)的计量研究表明,技术落后的东亚经济体经历了远比发达国家更快的技术进步和经济增长,但显而易见的是,东亚经济体的研发人员数量远远没有发达国家多,密度远远没有发达国家大。

另一类文献则是以 Grossman and Helpman(1991a、1991b、1991c)为代表,系统研究国际贸易、模仿创新以及增长的相互关系(简称"南北贸易模型")。他们假定南方-北方国家存在初始的技术开发能力和工资率差距,南方国家具有工资率上的低成本优势,通过国际技术扩散渠道模仿北方国家新产品并生产,北方国家则专注于创新。该模型的结论为,正是南方国家的模仿活动,排挤掉北方国家创新企业中的相对低效率者,使得存活下来的北方企业的市场份额和预期利润率更高,进一步刺激了北方企业的创新,导致南方国家不可能出现更快的技术进步,技术差距将长期存在(Chuang,1998)。

随后,Barro and Sala-i-Martin(1995)在一个跨国技术扩散模型(简称"技术扩散模型")中优化了这种结果。他们通过假设落后者(南北贸易模型中的南方国家)的模仿成本低于自主创新成本,那么落后国家在技术追赶的中前期,可以获得更快的技术进步,但是技术引进难度和模仿成本随着技术差距缩小而逐渐增大,最终的均衡结果是落后国家的技术水平追赶至某一水平时,将与领先国家以同一速度增长,但技术差距将长期存在。

最近十年来关于非前沿经济体技术进步与技术追赶的研究,多是在南北贸易模型或技术扩散模型框架内进行拓展。不同的是,非前沿经济体的技术进步模式以及不同模式的可能弊端得到具体研究。

Sutthiphisal(2006)从标准化技术和前沿技术的角度,指出发展中国家通过技术模仿战略,之所以无法弥合最后的技术差距,可能是因为引进的技术更多只是如何加工产品的标准化技术,其缺少开发下一代前沿技术的自主创新能力,在接近前沿技术水平时,陷入"模仿—落后—模仿—落后"的恶性循环。Benhabib et al. (2014)在一个内含技术差距的落后企业创新与模仿内生模型中,得出结论认为处于欧洲环境下,欧洲企业在接近技术前沿时,发现模仿它们的美国同行可能是最佳选择,最终导致无法超越技术前沿。黄先海、谢璐(2005),吉亚辉、祝凤文(2011),魏枫(2014)均从不同层面指出,当技术差距缩小至一定水平时,追赶国家可能陷入源自模仿的"追赶陷阱",必须在跨过某技术差距值后转向自主创新,从而规避"追赶陷阱"。

在经验研究方面,代表性文献如 Schneider(2005)、Chu et al. (2014)等,利用跨国面板数据计量研究表明,研发支出在发展中国家不同阶段的技术进步绩效并不一致。吴延兵(2008)、易先忠(2010)则以中国数据表明,自主研发只对东部地区生产率具有正效应,引进模仿则只对西部地区具有正效应,背后差异的主要原因可能正是国内东西部地区技术水平的显著差异。

因此,基于"研发驱动"的早期南北贸易模型和技术扩散模型,虽然可以揭示远离技术前沿的落后国家,通过大规模地引进和模仿前沿国家的先进技术,实现快速技术进步,缩小技术差距,转变为准前沿国家,但总存在最后的技术差距有待弥合。后续经过拓展的两类模型已经揭示在技术追赶的后期阶段存在转向创新的内生机制和条件,但准前沿国家即使成功规避"追赶陷阱",转向自主创新,仍然需要更多创新和更快的技术进步,才能最终与世界前沿同步。现有南北贸易模型或技术扩散模型文献显然对准前沿国家在最后追赶阶段,如何确保持续较快的技术进步的阐释力不足,这需要对研发创新的更一般的模型进行理解。

二、基于技术差距的技术进步机制Ⅰ:知识产权保护与市场
竞争

总的来看,与本书相关的知识产权保护研究文献可划分为两个主要
方面:一是在开放经济条件下,基于南北贸易模型,讨论知识产权保护政
策对南北国家特别是南方国家的追赶动态的异质性影响,研究的焦点主
要在于追赶国家需要在知识产权保护带来的自主创新的激励和模仿创
新的抑制之间做出权衡(trade-off)。二是在封闭经济条件下,基于产业
组织理论和增长模型,讨论知识产权保护对企业研发创新的激励及其可
能的非线性关系。研究的焦点主要在于所谓的诺德豪斯困境:政府的知
识产权保护需要在强化的创新激励和抑制的知识扩散以及可能的与竞
争政策的冲突之间进行均衡。

(一)开放经济条件下知识产权保护与南方国家的技术进步

该类文献讨论的共同框架是上文提到的 Grossman and Helpman
(1991)构建的南北贸易模型,并伴有大量的实证研究成果,迄今为止,研
究结论可分为三类。

第一,南方国家的知识产权保护强化不利于技术追赶。以 Helpman
为代表的经济学家在一个包含创新、模仿与贸易活动的南北分析框架中
讨论知识产权保护对南方国家的影响,得出的主导观点是:加强南方国
家知识产权保护增加了模仿成本,不利于南方国家的技术进步和经济增
长(Helpman,1993;Glass and Saggi,2002;韩玉雄、李怀祖,2003)。静态
和局部均衡分析的理由是:加强后发国知识产权保护将强化领先国创新
企业的市场力量,降低创新积极性,并提高产品在后发国家的价格,损害
后发国家福利(Deardorff,1992)。即使在动态和一般均衡分析中,加强
后发国知识产权保护也会降低领先国家的技术革新率,后发国家的技术
进步率也相应降低(Helpman,1993)。

第二,南方国家的知识产权保护强化有利于技术追赶。与 Helpman
(1993)结论相对立的观点是后发国家加强知识产权保护有利于促进技
术进步。具体有三种机制:一是技术适宜性问题,领先国家根据自己的

技术需要研发新技术,这些技术并不一定适应于后发国家,因此,后发国家有必要加强知识产权保护,激励自主创新(Diwan and Rodrik,1991;Basu and Weil,1998);二是在后发国家缺乏知识产权保护时,领先国家为保护研发成果,会进行保护性研发,提升模仿难度,从而减少知识溢出和降低南方国家技术进步率(Yang and Maskus,2001);三是南方国家的知识产权保护会影响跨国公司技术转移的方式,从而影响后发国家的技术进步,如果将国际直接投资或技术贸易作为技术溢出的渠道,南方国家实施适度的知识产权保护会提高北方国家的创新水平,加强北方国家对南方国家的技术转移,使世界总体技术水平提高(Gould and Gruben,1996;Lai,1998;罗德明等,2010)。

第三,南方国家知识产权保护的技术追赶绩效取决于技术差距。Primo et al.(2000)较早指出,知识产权保护对技术革新率的影响可能与一个国家的技术水平相关,但关于知识产权保护规范分析的文献都假定后发国家只进行模仿、不进行创新,没有考虑知识产权保护在后发国家鼓励自主创新和模仿国外技术之间的平衡作用,并且没有考虑后发国家技术水平和对国外技术的模仿能力对知识产权保护制度安排的影响。之后,大量经验研究文献似乎验证了Primo et al.(2001)的判断。Chen and Puttitanun(2005)利用博弈论方法推出追赶国家的人均GDP与知识产权保护强度之间存在"U"形关系,并运用大量发展中国家的数据进行计量研究,表明知识产权保护对技术革新率的影响并不是线性的。易先忠(2010)基于Barro and Sala-i-Martin(1995)构建的纳入技术差距的技术扩散模型揭示,只有当南方国家的技术差距缩小到某门槛值后,强化知识产权保护政策才能促进技术进步,否则反而不利于技术追赶。Schneider(2005)用47个发达国家和发展中国家1970—1990年的数据实证发现,知识产权保护与发达国家的技术革新率有很强的正相关性,但却与发展中国家的技术革新率负相关。Chu et al.(2014)则利用构建的熊彼特主义增长模型,假定发展中国家经济增长动力来源于本国创新和FDI基础上的技术模仿、技术转移等力量,推导出发展中国家知识产权保护水平与经济增长呈现阶段依赖性的特点。

（二）封闭经济条件下知识产权保护、竞争与创新关系及其困惑

这一类文献讨论的焦点实际上涉及对企业创新行为的根本理解，知识产权保护政策需要在强化创新激励和抑制知识扩散以及对市场竞争的可能损害之间进行平衡，即所谓的诺德豪斯困境。迄今为止，多数知识产权保护研究文献似乎并没有超越这一理解，并主要在企业、行业或国家的技术异质性等因素是否纳入分析等方面看法不一，导致知识产权保护与竞争、创新的关系的分歧。

1. 局部均衡下的知识产权保护与诺德豪斯困境

Schumpeter(1934)最早指出，企业创新行为的根本动机在于获取垄断利润，如果模仿者容易免费获得同等水平的新技术，对研发者的垄断利润构成侵蚀和破坏，将削弱研发创新激励，而知识产权保护可以强制保护其专用性和垄断性。Keller(2004)从外部性的角度指出，研发投资存在着外部性，研发投资的私人回报往往小于社会回报。因此严格的知识产权保护是让企业获得更大的创新收益进而提高其创新积极性的重要因素。Katz and Shaprio(1987)、Anton et al. (2006)的研究表明，企业研发强度与知识产权保护力度息息相关，当知识产权保护力度较大时，企业会增加研发支出，而当知识产权保护力度较小时，技术模仿和专利侵权的风险增大，从而企业的研发创新支出显著减少。

然而，知识产权保护力度并非越大越好，Nordhaus(1969)、Scherer(1972)等最早指出，知识产权保护面临一个（静态）权衡：保护力度的增大引致厂商的边际创新激励逐步趋弱，而社会福利的损失将逐步增多。沿着这一思路，关于最优知识产权保护（长度、宽度）的研究迅速丰富。Klemperer(1990)、Gallini and Nancy (1992)、Matutes et al. (1996)、Hopenhayn and Mitchell(2001)分别从消费者由高质量专利产品向低质量无专利产品转换的成本是否相同、厂商间是否允许模仿博弈、创新性质（基础创新还是应用创新）、信息是否对称等角度研究最优知识产权保护长度和宽度问题，得出其取决于假设条件不同而不同的研究结论。但总体而言，当前的主流观点认为，知识产权保护的长度和宽度是有限的，其不同在于在不同条件下长度和宽度需要不同的组合搭配。

2.动态一般均衡框架下最优知识产权保护与内生经济增长

局部均衡分析面临的主要不足在于,将视角局限在企业间类似于专利竞赛的研发决策行为,而忽视知识产权保护研究的宗旨:研究知识产权保护与创新即长期技术进步的关系。Judd(1985)较早在一个一般均衡框架下讨论最优知识产权保护强度问题,但其模型中并不存在长期经济增长率。Goh and Oliver(2002)、O'Donoghue and Zweimuller(2004)、潘士远(2008)则克服了Judd(1995)模型的不足,构建出具有内生长期增长性质的最优知识产权保护(长度和宽度)的分析框架,并得出不同产业(如上游产业或下游产业、劳动密集型产业或资本密集型产业)应具有不同知识产权保护强度的启发性研究结论。

3.经验研究的揭示:知识产权保护对创新和技术进步的非线性关系

Mansfield(1986)、Licht and Zoz(1998)等代表性文献,分别利用美国和德国的企业数据发现,如果没有对知识产权特别是专利权的保护,医药和化学行业中将分别有65%和30%的创新成果不会出现。这意味着对于R&D(研究与开发)支出较多的企业来说,专利保护对企业创新有很大的促进作用。吴延兵(2008)和史宇鹏、顾全林(2013)利用中国工业企业数据库的数据进行经验研究发现,知识产权侵权对企业的研发确实存在较强的抑制作用,对非国有企业的影响更为强烈。

然而,也有一些学者对日本等发达国家进行实证研究,并未发现知识产权保护强化必然导致企业创新成果的增加。代表性研究如Sakakibara and Branstetter(2001)对日本1988年专利制度改革的效果进行的评估,发现专利制度改革显著地改变了专利权的范围,但对307家日本公司的数据进行计量分析的结果却显示:没有证据表明R&D支出以及创新产出的增加应归功于专利改革,即厂商对专利保护变化的反应很小。基于两种结论相反的经验事实,部分学者开始从企业、国家的异质性考虑知识产权保护与企业创新的非线性关系。在国家层面的计量研究方面,Thompson and Rushing(1996)、Chen and Puttitanun(2005)、Falvey et al.(2006)、Sattar and Mahmood(2011)等利用多国历史数据进行面板计量分析,结果表明知识产权保护对经济增长影响的系数并不显著,并且只有当国家的发展水平(收入或技术水平)高过分界点,知识产权保护与增长才有显著的正向关系,即知识产权保护的增长绩效取决于发展阶段。

(三)知识产权保护政策与市场竞争政策的困惑

关于知识产权保护研究的另一类重要文献研究的是知识产权保护与市场竞争的关系。知识产权保护为企业创新追逐垄断利润提供激励,但企业市场势力的存在可能损害市场竞争,又反过来导致创新的减少和技术进步率的下降。因此,知识产权保护与市场竞争的关系在理解知识产权保护对技术进步的影响方面具有重要地位。但是长期以来,该领域的主流观点认为知识产权保护与市场竞争互不兼容,认为前者通过外生授权赋予并增强企业垄断势力,从而损害市场公平竞争,这正是诺德豪斯困境的实质。

直到最近,在 Aghion et al.(2005、2013)等的引领下,知识产权保护与市场竞争的关系研究才得以具有新的阐释。Aghion et al.(2005)在其构建的阶梯创新模型中指出,对于企业均处于较高技术水平的行业(neck-and-neck sector),扩大竞争有利于刺激企业进行研发,其一个合理的推论是,知识产权政策人为扩大企业市场势力,抑制了市场竞争从而不利于前沿技术水平企业的创新。Aghion et al.(2013)则修改了其之前的推论,认为由于超越竞争效应的存在,知识产权保护政策的加强,实际上将提升创新成功的事后利润,从而将激励企业进一步加大创新力度。

Beneito et al.(2014)的研究是为数不多的对知识产权和竞争相互关系特别是知识产权和竞争对创新的联合效应开展计量研究的文献之一,其利用西班牙制造业 1990—2006 年的面板数据库,在测算指标创新方面做出较多首创性尝试。第一,通过因子分析法以产品可替代性、市场规模、进入成本为因素设计了一个反映市场竞争程度的综合指标,这与通常以成本加成率或者行业内在位者个数等为竞争代理指标显著不同。第二,指出在知识产权、竞争与创新关系研究中,观察到的企业专利数目这一孤立指标的提升,并不能区分究竟是企业变得更有创新能力还是企业利用了更加便利的知识产权系统(IPRs),导致计量研究陷入困境。本书的计量结果显示,企业专利的增多将弱化市场竞争,从而间接影响企业创新,同时竞争对创新的影响方向取决于创新的测算指标的选取,而当 IPRs 和竞争联合发生作用时,IPRs 倾向于弱化竞争对创新的效应,这与 Aghion et al.(2013)的结论存在方向性冲突。

三、基于技术差距的技术进步机制Ⅱ:外资溢出吸收与竞争效应

FDI 对东道国的技术进步的影响研究,最早可追溯到 MacDougall(1960)关于外资企业对澳大利亚产出水平及福利效应的开创性文献。MacDougall 通过建立一个静态的总产出模型,认为外资企业通过劳动力流动产生了外部效应,使当地劳动边际产出水平提高,进而带来东道国福利水平的提升。尽管受分析框架的限制,MacDougall 重点分析的是 FDI 对东道国产出水平和福利效应的静态影响,但该文最后颇具远见地指出 FDI 增进东道国福利的三种机制,即 FDI 企业的税收贡献、东道国企业通过 FDI 企业的外部溢出获得先进技术诀窍(know-how)、东道国企业迫于 FDI 带来的竞争压力而采用更高效的技术。应该说截至目前的 FDI 效应研究文献仍是在各个层面对 MacDougall(1960)研究的扩展和深化。

在 MacDougall(1960)、Johnson(1970)和 Caves(1971)等研究的基础上,Caves(1974)总结性地将 FDI 对东道国的效应划分为三类:一是 FDI 使技术水平较低的企业退出市场带来的资源配置效率提高;二是 FDI 进入带来竞争压力驱使东道国企业提高技术效率(X-efficiency);三是 FDI 技术转移带来的知识溢出。由于在 20 世纪 60 年代加拿大和澳大利亚是英美发达国家 FDI 的主要东道国,Caves(1974)利用澳大利亚 1962 年和 1967 年制造业行业层面数据库对上述效应进行计量检验,发现以单位工人增加值率衡量的行业生产率与行业外资份额呈现显著的正相关关系,以此证明 FDI 外溢效应的存在。

此后,关于 FDI 对东道国技术进步的实证研究大量涌现,虽然其结

论并不一致。Cesare and Filippo(1999)、Dimelis and Louri(2002)发现 FDI 正面效应在意大利和希腊存在，但也有研究认为 FDI 进入对东道国企业的影响并不确定，因为 FDI 会分割东道国市场份额，进而降低当地企业的创新预期和技术效率（Aitken and Harrison,1999;Bernard et al.,2003）。

既然 FDI 对东道国具有正向或者不确定的溢出效应，那么是哪些因素决定 FDI 溢出效应的规模和方向？这迅速成为 FDI 研究特别是实证研究的一个新的研究主题。其中，值得特别指出 Findlay(1978)的一篇文献。基于 Nelson and Phelps(1966)等的研究，Findlay(1978)首次将 Gerschenkron(1962)提出的技术差距思想纳入一个规范的新古典增长框架内，明确表达出东道国技术进步率受到 FDI 传染效应[①] (contagion effect)和母国与东道国技术差距的共同影响，并得出技术差距越大，传染效应越强，东道国技术进步越快的结论。该文引发了以技术差距视角来解释 FDI 对东道国溢出效应的差异性的大量经验研究文献。

（一）当前外资进入效应研究的三个主流框架

受分析框架的局限，MacDougall(1960)以来至 20 世纪 80 年代末期，关于 FDI 对东道国影响的研究存在一个明显不足，即无法严格地、动态地分析 FDI 进入对东道国市场竞争结构、研发创新以及长期经济增长影响的多维效应，直到 Romer(1990)、Aghion and Howitt(1990, 2005)、Grossman and Helpman(1991b、1991c)等开创新增长理论，FDI 的东道国的创新与增长效应研究开始进入新一轮研究热潮，并逐步建立起三个标准分析框架。

第一，纳入 FDI 技术溢出和内生产品质量升级特性（垂直创新）的南北贸易模型（Walz,1997;Chu et al.,2014;等等）。Walz(1997)指出 Grossman and Helpman(1991b)、Rivera-Batiz and Romer(1991)等构建

___
① Findlay(1978)以 K_f/K_d 即外资与内资的比重来反映传染效应，这与 MacDougall(1960)、Caves(1974)所表示的溢出效应是一致的，外资与内资的比重越大，外资对内资的示范-模仿效应也就越强，因此，可以认为传染效应实际上正是技术溢出的一种机制。

的内生经济增长模型中南北技术溢出均是贸易机制型的,忽视了广泛存在的 FDI 机制的技术溢出,并最早构建出一个 FDI 机制的增长模型。Walz 假定南北经济存在两个部门(Z、Y),其中现代部门 Y 生产连续统一的质量阶梯差异产品:

$$\ln C_Y^i = \int_0^1 \ln\left(\sum_s q^i(s,j)c_y^i(s,j)\right)\mathrm{d}j。$$

其中,行业 j 内部为伯特兰德价格竞争,单位弹性需求使每个行业实际上只有最高质量的生产者进行垄断生产,伯特兰德利润使企业具有提高质量阶梯的研发创新动机。同时,Y 部门的生产函数仅需要两种生产要素中不可跨国流动的非熟练劳动力,南北非熟练劳动力工资率差异为北方企业在北方研发并在南方 FDI 进行生产的分离提供了条件。Walz(1997)与 Grossman and Helpman(1992)一个关键的不同假定是,FDI 是北方技术溢出的唯一机制:

$$p = I/a^i, a^B = \Gamma/n^U, i = \mathrm{A}, \mathrm{B}。$$

其中,p 表示实现质量升级的研发成功率,a^i 表示国家知识环境系数,n^U 表示现代部门中在南方进行 FDI 生产的企业比例,n^U 越大,a^B 越小,进而在相同投入 I 条件下,质量升级概率 p 越大。通过上述假定,Walz(1997)得出 FDI 补贴、降低 FDI 企业税收等 FDI 促进性政策将增进北方溢出和提升世界经济稳态增长率的一般均衡结果。

第二,纳入 FDI 技术溢出的产品种类增加型(横向创新)增长模型(Borensztein et al.,1998)。基于 Romer(1990)、Barro and Sala-i-Martin(1995)的研究,Borensztein et al.(1998)首次构建了一个简单的包含 FDI 技术溢出的产品种类增加型增长模型,其关键设定如下:

$$Y_t = AH_t^a \left\{\int_0^N x(j)^{1-a}\mathrm{d}j\right\}^{\frac{1}{1-a}};$$

$$N = n + n^*;$$

$$F = F(n^*/N, N/N^*); \frac{\partial F}{\partial(n^*/N)} < 0, \frac{\partial F}{\partial(N/N^*)} > 0。$$

Borensztein et al.(1998)为重点分析东道国在 FDI 条件下的增长状态,将外国 N^* 的增长率设为外生,FDI 溢出效应首先直接体现在东道国中间品种类的扩张上,其次 F 表示东道国企业吸收采用 FDI 新技术以生产新产品时的固定成本,n^*/N 越大导致 F 越小,表示 FDI 占国内资本品比例越高,将使东道国企业越有激励采用 FDI 带来的新技术。

第三,纳入 FDI 竞争效应的熊彼特主义增长模型[以 Aghion et al. (1997)、Aghion et al. (2001)、Aghion et al.(2005)等为代表]。相比上述两类模型,Aghion et al.(2001)构建的熊彼特主义增长模型的优越之处,在于其吸收借鉴了产业组织理论的研发竞争思想,可以在企业层面上洞察存在技术阶梯落差条件下,行业新进或潜在企业对在位企业研发行为的影响机制,其关键设定如下:

$$Y_t = L_t^{1-a} \int_0^1 A_t^{1-a}(j) X_t^a(j) \mathrm{d}j;$$

$$C_t(z) = \frac{1}{2} dz^2 A_{t-1}(j);$$

$$\pi_t(j) = (1-a)a^{\frac{a}{1-a}} A_t(j) = \bar{\pi} A_t(j)。$$

其中,$C_t(z)$ 表示中间品 j 的垄断商为取得研发成功概率 z 而需支付的研发成本。研发成功则中间品技术水平提升,从而提升预期利润。研发未成功条件下,企业预期利润要受到代表市场竞争程度的潜在企业进入概率影响,从而构建起企业进入率与企业研发行为的内生决定机制。其不足之处在于该模型并没有纳入外资进入的溢出效应。

(二)外资溢出效应与竞争效应实证文献的困难

辨别溢出效应和竞争效应是 FDI 进入东道国效应实证研究面临的主要挑战。当前国内外大量研究 FDI 溢出效应的实证文献,多以外资企业占行业总资产比例(Aitken and Harrison,1999)、总雇员比例(Keller,2004)等参与比例(Share of FDI,下文简称为 SFDI)来度量 FDI 进入的溢出效应。对此,Xu(2000)曾提出批评,指出这些模型中 FDI 份额引致的技术进步效应,并不全是 FDI 的技术溢出所导致的,也可能是 FDI 进入后引起市场竞争程度提高,迫使东道国企业加快研发创新的结果。Görg and Greenway(2004)也总结性地指出,实证研究文献之所以没有对 FDI 效应给出方向相反的答案,是因为跨国公司不仅是东道国企业潜在的知识溢出源泉,也是潜在的竞争源泉,两者力量根据国别、行业异质性而表现出不同。此后,国内外学者通过多种方法,力求分离FDI进入带来的竞争效应和溢出效应,本书认为可大致划分为以下四种方法。

第一,以 SFDI 为竞争效应代理变量,以 FDI 在本国的研发资本为溢出效应代理变量。

其机理主要借鉴 Grossman and Helpman(1991a,1991b)、Coe and Helpman(2005)、Keller(2001)提出的国际贸易是国际 R&D 实现跨国知识溢出的主要渠道,FDI 只是国际贸易的部分替代,其知识溢出仍然主要靠 FDI 企业在本地的 R&D。该方法的一个隐含前提是每国和东道国的技术水平是一致的,不存在技术差距,因此 FDI 必须要在本国有新的 R&D 行为,产生新的知识,才能产生知识溢出。沙文兵(2013)使用该方法,借助中国高新技术产业行业面板数据,对 FDI 企业的 R&D资本存量反映的溢出效应进行了检验,结果发现 FDI 企业的 R&D 行为对中国高新技术产业产生了显著的正向知识溢出效应。其计量模型可表示为

$$y_t = \beta' X + \delta_1 \text{SFDI}_t + \delta_2 \text{FR\&D}_t + \varepsilon_t。$$

其中,SFDI_t 的系数 δ_1 即竞争效应,$\text{FR\&D}_t$ 的系数 δ_2 即外溢效应。

由于 SFDI_t 本身也含有溢出效应,该方法存在的问题是将 FDI 带来溢效应单纯限定为 FDI 企业的 R&D 行为,进而低估 FDI 的溢出效应。如果研究样本均为发达国家,这种低估并不严重,但如果样本为发展中国家,由于大量在发展中国家的 FDI 企业本身已处于技术优势地位,R&D 活动并不密集,产生溢出效应主要发生于本国企业对外资企业当前产品的模仿与吸收,因而可能对 FDI 的溢出效应产生更为严重的低估。

第二,以 SFDI 为竞争效应代理变量,以 FDI 在本国增加值为溢出效应代理变量。

其机理在于,FDI 进入本国的外溢效应的大小,关键在于本国企业的模仿学习效应,在模仿能力不变的条件下,外溢效应取决于本国企业

接触 FDI 技术的概率。FDI 企业在本地所生产的增加值率越高,意味着本地企业或人员接触 FDI 技术的概率越高,进而决定了 FDI 溢出效应存在的可能性越大。唐未兵等(2014)较早使用该方法,借助 1999—2007 年制造业行业面板数据展开计量研究,发现 SFDI 对中国制造业行业的投入产出率存在正面提高作用,但其力度小于 FDI 本地增加值率反映的溢出效应,其计量模型可表示为

$$y_t = \beta' X + \delta_1 \mathrm{SFDI}_t + \delta_2 \mathrm{LOC}_t + \varepsilon_t。$$

其中,LOC_t 即以 FDI 本地增加值率衡量的外资溢出效应,SFDI_t 的系数 δ_1 即竞争效应,LOC_t 的系数 δ_2 即外溢效应。但是该方法同样存在一个问题,即 SFDI 本身既有竞争效应,也蕴含部分外溢效应,因而倾向于低估 δ_2 所反映的 FDI 外溢效应。

第三,以 SFDI 为竞争效应代理变量,以 SFDI 的滞后期为 FDI 的溢出效应代理变量。

该方法以 FDI 企业销售额占行业总销售额比例或者 FDI 企业雇员占行业总雇员比例表征 FDI 进入的综合效应,但以 SFDI 的即期变量表示 FDI 进入的竞争效应,以 SFDI 的滞后期表示 FDI 进入的技术溢出效应。外资企业产品一般具有较大的技术、品牌和质量优势,在短期内必然会直接降低国内同类产品生产商的市场份额,对其造成利润损失,降低其创新能力。长期条件下,国内厂商开始模仿、吸收 FDI 产品所蕴含的新技术新知识外溢,可能又会弥补短期的利润损失和提高创新能力。Sembenelli and Siotis(2005)在实证分析 FDI 进入西班牙企业带来的竞争效应和外溢效应时首先使用了该方法,认为在控制其他变量的情况下,可以通过 SFDI 的当期、滞后 1 期或滞后 2 期等期限变量来分别检验 FDI 对内资企业研发或增长绩效的竞争效应和外溢效应。沈坤荣、孙文杰(2009)借鉴了这一方法,利用中国 1998—2004 年的行业面板数据对 FDI 进入效应进行计量检验,结果发现,短期内 FDI 进入对中国内资企业的研发以及全要素生产率确实会产生负向的竞争效应,但滞后 1 期、滞后 2 期的 SFDI 均呈现出正向的溢出效应。他们的计量模型可表述为

$$y_t = \beta' X_t + \delta_1 \text{SFDI}_t + \delta_2 \text{SFDI}_{t-1} + \delta_j \text{SFDI}_{t-j} + \varepsilon_t。$$

其中,SFDI$_t$ 的系数 δ_1 为竞争效应,SFDI$_{t-j}$ 的系数 δ_j 为外溢效应。

表 2.1　外企进入竞争效应和溢出效应的计量检验方法

方法	计量模型	竞争效应	溢出效应	不足
传统做法	$y_t = \beta' X + \delta_1 \text{SFDI}_t$	SFDI$_t$	SFDI$_t$	混淆两种效应
新方法一	$y_t = \beta' X + \delta_1 \text{SFDI}_t + \delta_2 \text{LOC}_t$	SFDI$_t$	LOC (外资本地化率)	存在效应重叠
新方法二	$y_t = \beta' X + \delta_1 \text{SFDI}_t + \delta_2 \text{FR\&D}_t$	SFDI$_t$	FR&D (外资研发)	低估溢出效应
新方法三	$y_t = \beta' X_t + \delta_1 \text{SFDI}_t + \delta_2 \text{SFDI}_{t-1}$	SFDI$_t$	SFDI$_{t-1}$ (外资比例滞后值)	无法准确分离两种效应
新方法四	$y_t = \beta' X_t + \delta_1 \text{FDI}_t + \delta_2 \text{Imports}_t$	Imports$_t$	$\delta_1 - \delta_2$	无法准确分离两种效应

　　注:第三列中 SFDI 表示外资企业占行业总资产比例、总雇员比例、总销售额比例等参与比例。

　　第四,Nikolovová 的启发性贡献。

　　Nikolovová(2012)指出,关于 FDI 的东道国效应的大量经验研究,之所以出现结论迥异的局面,是因为始终不能较为精确地分离 FDI 进入带来的负向的竞争效应和正向的溢出效应,不同国别、产业或企业的异质性导致两种效应力量的变化,进而导致净效应的方向出现变化。Nikolovová(2012)的启发性贡献在于,认为跨国公司在东道国直接投资即 FDI 带来的市场竞争效应与跨国公司向东道国市场出口带来竞争效应是一致的,因此可以在计量模型中同时设置 FDI 和进口两个变量,这意味着在控制进口项下,如果 FDI 项回归系数大于进口项的回归系数,那么两系数之差即反映为 FDI 进入带来的净溢出效应。用计量模型可表述为

$$y_t = \beta' X_t + \delta_1 \text{FDI}_t + \delta_2 \text{Imports}_t + \varepsilon_t。$$

　　Nikolovová(2012)指出,若有

$$\delta_1 - \delta_2 > 0$$

成立,则可以认为 FDI 存在正向的溢出效应。[①]

四、基于技术差距的技术进步机制Ⅲ:政府补贴与市场竞争

新增长理论取得的最大共识是研发创新为企业、行业、国家技术进步的不竭源泉。经典的南北贸易模型及技术扩散模型均已揭示,当远离技术前沿国家,通过引进模仿国外先进技术,迅速缩小技术差距并满足某一条件后,准前沿国家应从追赶战略转向自主创新战略以最终赶上技术前沿。相应地,市场竞争政策、知识产权保护政策均需要相应转变,研发补贴政策被认为是另一项激励企业创新、加快技术进步的政府工具。迄今为止,补贴政策研究的文献可主要划分为三类。

(一)"干中学"及知识溢出角度的补贴政策研究

关于补贴政策研究的第一类文献是从"干中学"效应及知识溢出的角度研究补贴强度问题。政府研发补贴的主要理论依据在于,研发活动具有外部性并且无法在市场环境中内部化。企业进入高技术产业或新兴幼稚产业,"干中学"效应以及累积的关于新产业的知识对潜在企业形成外部示范效应,最优政府补贴必然应与"干中学"或知识溢出效应大小密切相关。Spence(1984)可能是最早将知识溢出纳入政府最优研发补贴问题研究的,其研究结果显示,最优研发补贴水平随着企业研发溢出水平的提高而提高。随后 D'Aspremont and Jacquemin(1988)将技术溢出引入双寡头竞争模型,认为即使在合作性研发机制中,如果溢出足够大,研发补贴仍然可以激励企业提高研发投入以达到社会最优的研发规模。Leahy and Neary(1997、1999、2007)在一个更为一般的垄断竞争模型中,讨论企业研发投入、溢出效应和市场竞争的关系,结论认为溢出大

---

① Nikolovová(2012)提出的计量模型存在的一个问题是,进口贸易本身也是东道国获取跨国公司溢出效应的渠道(Coe and Helpman,1995;Keller,2004),这意味着 $\delta_1 - \delta_2$ 是 FDI 和进口两种行为的综合效应之差,并非单是 FDI 净溢出效应,但 Nikolovová(2012)引用 Markusen and Venables(1999)的观点,认为东道国企业获取溢出效应需要与跨国公司直接近距离接触(face-to-face interaction),Morita and Nguyen(2011)等其他大部分学者也认为 FDI 是国际技术溢出的主要渠道。

小会对企业内生研发选择进而政府的最优研发激励政策产生较大影响。Melitz(2005)、Hoff(1997)等在研究幼稚产业保护时,将兴趣集中于"最优补贴"设计。这类研究多采用动态分析方法,发现随着幼稚产业"干中学"效应的变化,最优补贴强度应该逐渐减小直至为零,其时间路径可以用函数准确刻画。

就国内研究而言,邵敏、包群(2012)运用中国工业企业数据进行经验分析,发现政府补贴效果与补贴"多寡"紧密相关。补贴水平在临界水平之下时,政府补贴能够显著促进企业的生产率增长;当在临界水平之上时,补贴效果会逐步减弱甚至变为负面。其建议应避免补贴过多导致企业"为补贴而寻补贴"的逆向行为。谢建国、周春华(2012)则基于 Haaland and Kind(2008)的研究,将贸易成本、研发效率和知识溢出整合进一个三阶段博弈模型,结果表明政府对研发效率的创新行为予以补贴具有显著的激励效率,知识溢出对研发补贴效应的影响并不确定。毛其淋、许家云(2015)基于中国工业企业数据库的计量研究发现,政府补贴强度存在适度区间,高额度的政府补贴会显著抑制企业创新,其利用"中介效应"模型检验得出,企业的"寻补贴"支出是政府高额补贴抑制创新的背后机制,高额的寻租成本导致捕获的研发补贴可能并未流向研发。

(二)"自我发现"角度的补贴政策研究

Hausman and Rodirk(2003)从"自我发现"的角度极富启发性地提供了第二类关于补贴政策设计的研究领域即补贴时机问题。在传统的动态比较优势理论研究中,代表比较优势升级方向的产业,只是随着资本积累变化而变化的附属性结果,但更真实的情形是,潜在企业面临着大量可以进入的新行业,而最终出现的代表比较优势升级方向的行业是企业不断"自我发现"后内生选择的贡献。因此,应该在新兴产业发展初期对私人企业的"自我发现"进行补偿和激励,当"自我发现"的探索完成后,模仿型企业大量增加,此时政府应该对补贴政策进行规制和清理,使产业发展"合理化"。Neary and Leahy(2004),黄先海、谢璐(2005)对研发补贴的两种形式即事前补贴和事后补贴进行了研究与对比,并分别考察了两种情况下政府实施生产补贴和创新研发补贴政策的效果差异,发现这两种研发补贴政策对企业带来的影响大致相同,但总体上事前补贴的作用要优于事后补贴。这表明补贴政策时机设计的重要性。反观中国太阳能等新兴产业由于无序补贴造成的"新兴产业也过剩"的现状,会发现 Hausman and Rodirk(2003)等的政策建议具有较强的现实解释力。Rodirk 在 2008 年进一步强调产业发展过程中"自我发现"的重要性,并提出"胡萝卜加大棒"(carrot and stick)、镶嵌自主性等提高补贴政策有效性的基本原则。持类似观点的还有 Ederington and Maccalman(2011),其认为应对新兴产业在其技术不确定即所谓幼稚阶段进行研发资助,而当其技术水平已经攀升且处于稳定阶段时则应尽快取消补贴政策。

(三)"自生能力"角度的补贴政策研究

关于补贴政策设计的第三类问题即补贴目标产业选择,其研究的第一个前提是政府是否需要挑选产业进行补贴。Marcus and Howard(2003)以日本、韩国曾经广泛使用的分行业研发补贴政策案例研究表明,并没有充分证据支持政府选择性的 R&D 补贴对产业技术水平提高产生显著的影响。类似地,Diwan and Rodrik(1991)从政府信息不完全性角度出发,认为判断 R&D 补贴可以在哪些产业产生最大的创新绩效几乎是不可能的,因而政府研发应施行广谱性而非挑选性补贴。但王宇、刘志彪(2013)认为,对具有较强知识溢出效应的产业进行补贴的效果明显。

林毅夫(2012)则从"自生能力"的角度系统化地进行论述。其认为大部分国家的产业政策会失败,最主要的原因是大部分国家的产业政策违背了它们的比较优势。企业投身于违背比较优势的产业会缺乏自生能力,政府为强行发展逆比较优势的产业,不得不给予企业大额补贴,导致较为严重的资源错配,除非要素禀赋结构发生逆转,否则一旦脱离补贴,企业在国际市场上仍很难获得竞争能力,"政府的产业政策本来是想帮助成功者,结果挑选的都是失败者"。Lin and Monga(2011)建议应参照发达国家产业谱系,将补贴政策目标集中于具有较大潜在比较优势的产业。

　　五、文献述评

　　从技术维度来看,在已处于中等技术水平并逐步接近世界技术前沿的新情景下,准前沿经济体能否以过往的追赶导向战略维持快速技术进步并最终成功跃升至世界技术前沿? 如果不能则该如何转型? 这可能是当下包括中国在内的新兴经济体亟须解答的核心问题。然而,目前的新增长理论、技术扩散模型或南北贸易模型均没有给予上述问题一个完整且具有高度针对性的回答。上述文献主要存在以下局限以及有待拓展之处。

　　第一,对非前沿经济体(技术扩散理论中的落后者、南北贸易模型中的南方国家)在国际准技术前沿新情景下的技术进步并最终收敛至世界技术前沿的机制刻画,缺少一个基本维度——竞争视角的分析。

　　Grossman and Helpman(1991b,1991c)的南北贸易模型、Benhabib and Spiegel(1994)的人力资本模型、Barro and Sala-i-Martin(1995)的技术扩散模型、Aghion et al. (2009)的人力资本结构模型,均已指出落后国家可以通过模仿吸收世界前沿技术,实现较快收敛,收敛的机制在于扩大国际技术溢出以及增强本国的吸收能力。但是,Romer(1990)、Aghion and Howitt(1992)等强调竞争是驱动研发创新的根本机制。对于接近世界技术前沿国家的经济体,溢出吸收的技术空间较为狭小,扩大竞争可能是持续缩小技术差距的基本方式。显然,上述理论长期以来对扩大竞争在准前沿经济体技术进步中的作用没有足够的重视。

　　第二,对知识产权保护在非前沿经济体从远离技术前沿到准技术前沿变迁过程中的动态效应缺少严格的理论分析,特别是,对知识产权保护政策与竞争政策促进技术创新的相互作用缺少关注。

　　Branstetter and Saggi(2011)、Falvey et al. (2006)、Chen and Puttitanun(2005)等虽然已经得出,知识产权保护的创新效应在不同发展水平条件下是不同的,其普遍的观点为,对于技术差距较大的国家,应执行较弱的知识产权保护。该结论的模糊之处或者可能对政策实践造成的困扰在于:对于远离技术前沿的经济体,当技术差距大于某临界值时,是否应该有意维持较弱的知识产权保护? 技术差距越大,越弱的知识产权保护是否带来越强的技术进步效应? 我们对此的一个基本疑点是,即使对于技术差距较大的国家,也应随着技术差距变化,动态强化知识产权保护。另外,我们将研究知识产权保护政策与竞争政策在促进创新方面的相互作用,关于两者关系的研究文献,迄今为止,绝大部分集中于以专利竞赛为核心的产业组织文献,很少以技术差距视角讨论在促进长期技术进步方面的两者关系。

第三,从技术差距视角,即在非前沿经济体从远离技术前沿到准技术前沿变迁过程中,对外资企业进入本地市场的溢出效应和竞争效应及其动态变化缺少一个整合的理论分析与计量检验框架。

令人吃惊的是,虽然已有大量理论和经验研究发现,FDI 对本国的溢出效应与竞争效应均因产业或企业的技术差距异质性而动态变化,但迄今为止,在理论模型上,尚没有可同时刻画 FDI 进入东道国后的溢出效应和竞争效应以及两种效应随着技术差距等因素而动态变化的统一框架。Walz(1997)、Borensztein et al. (1998)等建立的纳入 FDI 对东道国创新效应的内生增长模型,强调了 FDI 对东道国技术进步正向的溢出效应,而且这种溢出效应与技术差距密切相关,但 FDI 进入东道国市场到行业竞争结构变动再到企业创新行为决策,这一广泛存在的竞争效应机制并没有得到令人满意的规范分析,A – J 模型、Aghion et al. (2005)等创建的熊彼特主义增长模型虽然强调 FDI 进入后市场竞争改变东道国企业技术创新行为的影响,但又忽略溢出效应。

在经验研究上,尚没有可将 FDI 进入东道国后溢出效应和竞争效应进行有效区分与验证的计量模型。目前国内外关于 FDI 溢出效应的大量经验研究文献,一般是利用东道国 TFP 增长率与 FDI 份额的联系构建计量模型,以此判断 FDI 溢出效应的大小(Aitken and Harrsion, 1999;Keller,2004;Liu,2008),但是,Xu(2000)指出这些模型中 FDI 份额引致的技术进步效应,并不全是 FDI 的技术溢出所致,也可能是 FDI 进入后引起市场竞争加强,迫使东道国企业加快研发创新的结果。本书试图建立一个可同时刻画溢出效应和竞争效应的一致框架,并在实证研究中寻找到可更为准确分离外资溢出效应和竞争效应的经验变量,为中国等准前沿经济体深度融入全球化和调整外资利用政策提供理论与政策基础。

第四,缺少从行业角度对非前沿经济体在准技术前沿新情景下政府补贴的技术创新效应及其与市场竞争关系进行的理论分析与经验检验。

当前关于补贴的研究文献对补贴性产业政策研究极富启发性,但极少从竞争视角研究市场竞争对补贴效应的调节效应。关于补贴政策仍有待详细研究,即从"有效竞争"角度研究补贴与创新关系。Young(1993)等已经论述了"干中学"效应在产业中耗尽的可能,创新是技术进步的持续源泉,而创新与竞争息息相关。"自我发现"及"自生能力"模型均没有恰当考察补贴对竞争有效性的影响。Krugman(1994)在回顾东亚等地区产业政策失败案例时也指出,补贴政策没有促进竞争甚至是抑制了创新。Aghion et al.(2015b)从微观企业层面构建了一个市场竞争对企业行为影响的数量模型。本书拟在此基础上进一步对补贴的技术创新效应特别是不同实施方式的补贴与市场竞争、技术创新的交互关系进行理论分析和计量检验。

第三章　从远离前沿到准前沿的最优技术进步机制：由追赶到竞争

借鉴世界银行按收入维度的划分,本章从技术维度将世界各国划分为远离前沿(FFEs)、国际准前沿(QFEs)、国际前沿(FEs)三类经济体,然后通过构建一个熊彼特主义的增长模型和基于 115 个经济体的跨国长时序面板计量研究,得出基本洞察:非前沿经济体在远离前沿阶段实施追赶导向型技术进步模式将引致快速技术进步,但将面临"追赶陷阱"风险,而在准前沿阶段转向竞争导向型技术进步模式,不仅可规避风险,而且将引致更快的技术进步。

本章是全文枢纽。本章实际上是在一个不存在资本要素流动、仅允许知识信息无成本跨国溢出的封闭熊彼特主义增长环境中,讨论以吸收溢出为动力和以竞争创新为动力的两种技术进步模式在技术差距变迁下的效应动态,暂时隔离了企业面临的其他技术创新激励环境。为最大限度地促进吸收溢出,非前沿经济体还广泛实行其他追赶导向的技术进步激励工具:较弱的知识产权保护、较密集的外资引进、较大强度的政府补贴。因此,一个自然的并且必要的延伸,本书将在第四章探讨知识信息流动存在成本即知识产权保护政策对不同技术差距的经济体或企业的技术创新激励效应,接着在第五章观察允许资本要素流动即 FDI 进入非前沿经济体在不同技术差距条件下的动态效应,然后在第六章侧重考察不同实施方式的政府补贴的技术创新激励效应。另外，第三章已表明市场竞争对准前沿阶段的技术进步具有主导作用，因此本书在后序各章还特别关注并探讨三种激励工具与市场竞争在促进企业创新中的相互关系。

一、问题提出

自克鲁格曼（Krugman，1994）发表引起广泛争议的"东亚奇迹"批评以来，具有世界性影响的经济学者 Pritchett and Lawrence（2014）在一篇题名为"亚洲欢欣症遇上均值回归"的文章中，特别预估中国经济增速将在近期内回归至 2%~4% 的全球均值。该文一经发表，再次引起国内外学术界对东亚特别是中国经济增长模式的未来的广泛关注。作为借鉴，印度尼西亚、泰国等东南亚新兴工业化经济体在 20 世纪 90 年代初期已进入中等收入阶段，但亚洲金融危机给其带来外生不利冲击，在危机后约 20 年内其长期陷入缓慢增长的困境，至今仍未跨过中等收入阶段。

关于全球新兴工业化经济体能否顺利跨越中等收入陷阱，并最终赶上世界经济前沿的问题，答案是相当悲观的。纵观各新兴工业经济体在其高速增长时期的发展经验，从技术进步维度看实际上可归结为一个共同发展模式——追赶导向型技术进步模式，即通过有导向的大规模投资（物质体现型技术进步）或外资引进，对国外先进技术进行吸收模仿，实现资本维度的快速积累和技术维度的快速模仿吸收，从而推进国民收入高速增长。然而，按照 Gill and Kharas（2007）的总结，大部分经济体将陷入中等收入陷阱；按照 Kehoe and Meza（2012）的总结，大部分经济体追赶导向型发展模式的未来是——"停滞"。

中国是最大的新兴工业化经济体，中国的技术进步模式从跨国比较来看并不"神奇"——同样为追赶导向型。当前中国人均国民收入仍处于中等收入水平，而人口增长率高于发达国家均值，因此一旦经济增长率如 Pritchett and Summers（2014）预言的那样回归全球均值，中国将陷入中等收入陷阱。关于中国是否会以及如何规避中等收入陷阱问题的探讨在近期迅速丰富(蔡昉,2011;Pritchett and Summers,2014;李稻葵,2014;张其仔,2014;黄先海等,2015;刘培林,2015;林毅夫,2012)。

然而遗憾的是,目前关于中等收入陷阱特别是发展中经济体如何规避中等收入陷阱的学术研究,并未在理论框架、机理分析以及相应的政策启示上进行令人满意的深刻剖析。陷入中等收入陷阱的直接原因是经济增长率的显著下滑,但经济增长率下滑背后的深层原因在于技术进步率的显著下滑。与当前文献分别从收入分配失衡、人口红利消失、价值链低端锁定、比较优势固化等视角探讨中等收入陷阱的成因机制不同,本章侧重关注这样一个问题:从技术进步动力模式视角来看,非前沿经济体为何在远离前沿阶段可以快速增长,而在准前沿阶段为何又面临中等收入陷阱的潜在风险? 应如何规避"陷阱"?

Romer(1990)以来的内生增长理论以及 Barro and Sala-i-Martin(1995)以来的技术扩散理论,均强调技术进步是经济增长的根本动力。这意味着发展中经济体在跌入"陷阱"前后,前期曾经有效的技术进步模式的基本条件已发生显著变化,但其却未能平滑转向新的技术进步动力模式。本章将试图构建一个熊彼特主义的增长框架,剖析发展中经济体从远离前沿到准前沿阶段的最优技术进步模式,以及在准前沿阶段跌入"陷阱"的潜在可能及相应的规避政策。

二、典型化事实:G7 内部差距与 NIE 的追赶分化

(一)G7 内部的技术差距收敛动态与竞争异质性

七国集团[①](Group of Seven,简称 G7)成立于 1976 年,其成员国被广泛认为处于世界技术前沿,G7 也被称为"富国俱乐部"。但七国集团内部各国家之间,在经济制度、市场竞争等方面的国别异质性长期存在,英国、法国、德国、意大利等主要欧洲国家与以美国为代表的世界技术前沿国的人均收入以及生产率差距并没有收敛(Aghion et al.,2005),实

---

① 俄罗斯在 1997 年被接纳为成员国,七国集团扩充至八国集团,但俄罗斯与其他 7 个国家的人均国民收入以及生产率水平实际上差别显著,并且在 2014 年,美国等国家宣布暂时取消俄罗斯在八国集团的成员国地位。因此,本书并没有将俄罗斯纳为分析对象。

际上差距还相当大。对此，Gill and Raiser(2012)在世界银行出版物《黄金增长》中指出，欧洲自 20 世纪 90 年代以来的生产率增长放缓甚至深度衰落，源于与美国相比存在的"创新赤字"。

图 3.1 显示的是 G7 成立后至 2010 年的各国人均 GDP 增长及差距收敛态势，表明 Gill and Raiser(2012)对欧洲问题的担忧确实存在。该图揭示两个重要信息：第一，虽 G7 为"富国俱乐部"，但美国长期处于人均 GDP 最高水平，欧洲 4 个国家以及日本和加拿大等 2 个国家(G6)与美国的人均 GDP 差距长期存在，特别是 20 世纪 90 年代以来，其他 6 个国家与美国的平均差距具有缓慢但明显的扩大趋势。第二，受内部增长条件和异质性因素的变动，各国的人均 GDP 增长态势存在差异，日本在 1991—1993 年的人均 GDP 水平几乎赶上美国，但随后迅速下滑至 G6 平均水平，意大利在 2000 年以后则出现较为显著的差距扩大趋势。

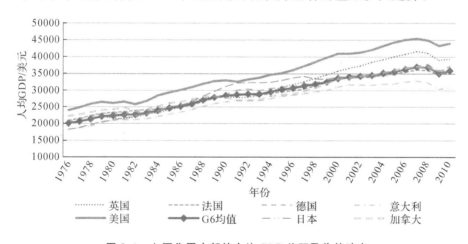

图 3.1　七国集团内部的人均 GDP 差距及收敛动态

注：纵轴是以 2005 年不变价美元为基准核算的人均 GDP，其中 G6 均值表示除美国外其他 6 个成员国的平均人均 GDP 差距动态，数据源自 WDI 数据库。

针对 G6 与美国之间存在长期难以收敛的人均 GDP 差距的现象，不少学者试图从技术进步角度对其进行解释。Romer(1990)、Aghion et al.(1992)等建立新增长理论所取得的最大共识是，技术进步是推动劳动生产率长期稳定增长的唯一关键因素，企业研发创新则是技术进步的内部动力。那么一个合理的推论是，欧洲等国与美国的收入差距扩大的背后，可能确实存在如 Gill and Raiser(2012)所言的"创新赤字"。又是哪些因素导致了欧洲的"创新赤字"呢？

在理论层面已经有不少经济学者对此做出探究。Benhabib et al. (1994)、Stokey(2015)等强调人力资本、知识产权对创新绩效的作用，Aghion et al. (2005)、Acemoglu and Akcigit(2012)等则立足于熊彼特主义传统，认为市场竞争是企业研发的根本动力。Gill and Raiser (2012)也曾指出欧洲在经济环境方面可能存在一些根本缺陷，导致欧洲无法最终赶上技术前沿。Beneito et al. (2014)认为处于欧洲环境下，欧洲企业发现模仿它们的美国同行可能是最佳选择，最终导致技术进步节奏的滞后。Stiglitz(2015)则直接指出，欧洲相比于美国的技术差距以及所谓"创新赤字"，深层原因在于欧洲相比于美国市场竞争不足。

为初步在统计上显示非美国的 G7 成员国的市场竞争与技术差距收敛动态的经验规律，图 3.2 为英国、法国、德国、意大利、日本、加拿大等国市场竞争程度与其历年技术水平差距在 1965—2010 年间的散点图。结果显示，虽然模拟曲线斜率比较平缓，但仍能初步揭示市场竞争与技术差距动态变化趋势，鉴于样本国家均为准技术前沿国家，结合图 3.2 显示的市场竞争与技术差距收敛关系，可得到**典型化事实Ⅰ**：对处于准技术前沿的经济体而言，市场竞争程度越高，越有利于较快的技术进步和技术差距动态收敛。

（二）NIE 追赶型增长的分化：停滞、收敛与竞争

目前关于新兴工业化经济体（NIE）的国别范围并没有严格界定。最早在 20 世纪 80 年代初期，新兴工业化经济体开始用来形容亚洲和拉丁美洲经济增长态势较好的几个市场化国家。随后，世界银行、英国《经济学人》期刊、博鳌亚洲论坛等，或从金融发达程度，或从市场规模及发达程度等不同角度对新兴工业化经济体的国家范围做过不同界定。①

鉴于研究对象和关注主题，本书从经济增速和技术差距收敛的角度

---

① 如《经济学人》将中国大陆、印度、巴西、墨西哥等 22 个国家和地区划归为 NIE，博鳌亚洲论坛则将 20 国集团（G20）中 11 个发展中国家列为 NIE 代表。同时，也有机构如世界银行以"新兴市场"（emerging market）、"新兴经济体"（emerging economy）等词表示新兴工业化经济体。

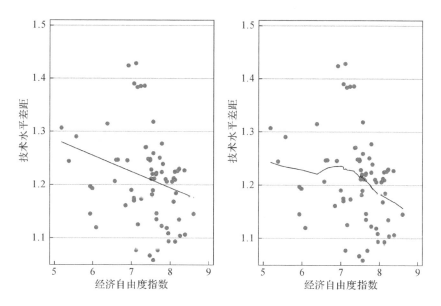

图 3.2　七国集团成员国的技术差距收敛态势与市场竞争（1976—2010 年）

注：两图纵轴均表示 G7 除美国之外的成员国包括英国、法国、德国、意大利、日本、加拿大各自与美国的同期技术水平差距，数值越大，表示技术差距越大。技术差距以劳动生产率表示，即 LP_{USA}/LP_i，下标 i 表示国家。横轴为 Fraser 经济自由度指数，2005 年以前数据间隔为 5 年，2006 年开始为单位年。左图为 LFIT 一次拟合曲线，右图为 LOWESS 拟合曲线。数据源自 WDI 数据库和 Fraser《世界经济自由度报告 2015》。

定义新兴工业化经济体：人均 GDP 增速持续较快增长（3.5％[①]）至少达到 15 年及更长时间的国家或地区，可归类为新兴工业化经济体。利用 Feenstra 等人在 2015 年推出的最新 Penn World Table（简称 PWT），可获取最新的国别宏观经济数据，发现共有巴西、印度、印度尼西亚、埃及、匈牙利、葡萄牙、泰国、土耳其、韩国、马来西亚、新加坡、中国等 14 个国家或地区进入样本，基本可以反映世界新兴工业化经济体追赶增长史的全貌。

　　相比 G7 国家长期以来的稳态增长，新兴工业化经济体在 1960—

---

① 　全球发达国家 1960 年以来平均增速长期保持在 2％～3％，新兴工业化经济体持续较快增速保持在 3.5％以上，增长差距才能显现收敛状态。另外，世界银行在《全球经济展望》中一般将人均 GDP 增速高于 3％的地区和国家称为快速增长国家。

1990 年[①]均曾经历过长达 15 年至 30 年不同跨期的快速增长时期，技术差距迅速缩小，但大部分经济体随后的经济增长和技术差距收敛态势出现分化。根据 Penn World Table 8.1 和 Economic Freedom of the World 匹配组成的国际面板数据发现，新兴工业化经济体追赶型增长路径的分化可归结为两个类型。

1. 路径 I：前期快速追赶→准前沿条件下竞争程度提高→后期稳步收敛

该路径以韩国等经济体为典型。该类国家和地区在样本期前期呈现市场竞争程度较低、经济增长速度较快、技术差距持续缩小的典型追赶状态，后期在与前沿技术差距值降低至 2 左右时，市场竞争程度逐渐上升至 6 以上，技术差距进一步平滑缩小，当前基本上已处于接近前沿的收敛状态（图 3.3）。

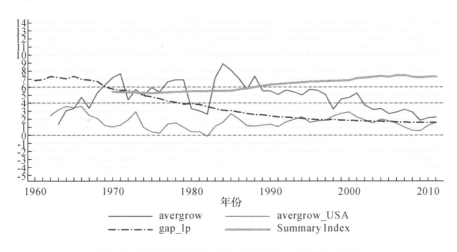

图 3.3　NIE 追赶型增长的典型路径 I（以韩国为例）

注：纵轴分别表示人均 GDP 增长率、技术差距（以与美国的劳动生产率之比代理，数值越大意味着技术差距越大）、市场竞争程度（以 Fraser 所提供的国别自由度指数代理，图中以 Summary Index 表示）。数据源自 Penn World Table 8.1 和 Economic Freedom of the World。

―――――――――――

① 虽然 Penn World Table 8.1 提供了最早可追溯到 1950 年的国别数据，但不少国家和地区从 1960 年甚至 1970 年始才具有增长数据记录。

2.路径 II :前期快速追赶→仍远离前沿条件下竞争程度提高→后期
收敛停滞

该路径以巴西、印度尼西亚等经济体为典型,该类经济体在样本期
前期即 1960 年至 1980 年间,同样呈现市场竞争程度较低、经济增长速
度较快、技术差距不断缩小的典型追赶状态。然而不同的是,进入样本
期后期,与前沿国家的技术差距数值仍然在 5 左右时,其市场竞争程度
已接近发达国家同期水平,增速出现较为显著的快速下降,技术差距不
再缩小,部分国家甚至出现技术差距扩大的情形(图 3.4)。

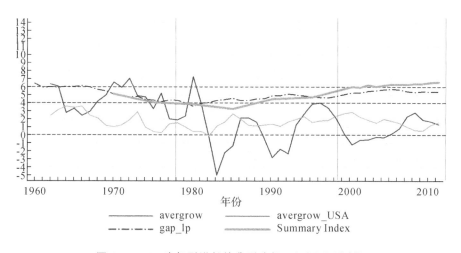

图 3.4　NIE 追赶型增长的典型路径 II (以巴西为例)

注:数据源自 Penn World Table 8.1 和 Economic Freedom of the World。

另外需指出的是,中国和印度两大新兴工业化经济体,当前仍然处
于市场竞争程度较低、经济增长速度较快、技术差距持续缩小的典型追
赶状态,尚未进入后期分化阶段,其完整的收敛路径可能属于上述两种
典型路径的任何一种,这取决于后期市场竞争程度等经济环境变量的变
化时机和幅度。

可见,虽然新加坡等国家和地区展现出比较不同的增长路径
(图 3.5),但其余新兴工业化经济体的追赶及随后的分化路径展现出两
大迥异的典型模式,基于上述跨国增长史经验分析,本书得到**典型化事
实 II** :对于远离技术前沿的经济体,维持适度较低的市场竞争程度,有利

于较快的经济增长和技术差距收敛,反之则不然。

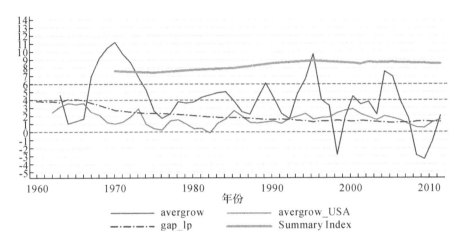

图 3.5 NIE 追赶型增长的非典型路径(以新加坡为例)

注:新加坡的追赶型增长展现出不同路径,即持续高竞争、高增长、技术差距快速缩小直至平稳收敛。可能的原因在于这些经济体的人口和市场规模均较为狭小,具有明显不同于其他经济体的特征异质性,另外一个原因是其增长前期已超过样本期范围。数据源自 Penn World Table 8.1 和 Economic Freedom of the World。

三、分析框架:从远离前沿到准前沿的最优技术进步机制

跨国增长的经验事实,从宏观层面揭示出处于不同技术阶段的经济体的经济增长和技术追赶态势,以及由于环境差异特别是技术差距、市场竞争等经济环境异质性,导致技术追赶与收敛态势分化的可能。本部分将基于并拓展 Acemoglu et al. (2006)、Aghion et al. (2009)的基本模型,在企业层面构建技术进步模式及其转型的内生机制,为准确刻画非前沿经济体的技术进步提供微观基础。

(一)熊彼特主义的基本环境

模型中存在 M 个国家,不失一般性,可划分为两种国家,一种为世界技术前沿国家,另一种为非前沿国家。世界技术前沿国家已处于收敛状态,以固定增长率长期稳定增长。国家间产品或要素不流动,但知识及技术信息可以跨国流动。各个国家存在人口总数固定且呈风险中性

的 OLG 型个体。每期出生的个体存在三种类型:企业所有者、企业家和工人。企业所有者拥有企业所有产权且代际传递。企业家和工人在生存第 1 期,均无弹性供给其劳动。经济生产存在最终品部门和中间品部门,中间品生产为多部门的熊彼特主义环境。

1. 最终品部门

经济体存在唯一的最终产品 Z,且为计价物。最终品可用于生产中间品或研发。最终品生产函数为

$$Z_t = L_t^{1-\alpha} \int_0^1 A_t^{1-\alpha}(i) x_t^{\alpha}(i) \mathrm{d}i, 0 < \alpha < 1 \tag{3.1}$$

其中,L_t 为 t 时投入最终品生产部门的劳动数量,将其标准化为 1。$x_t(i)$、$A_t(i)$ 分别为 t 时中间品 i 的投入量及其技术水平。

最终品市场为完全竞争市场,容易得到中间品 i 的反需求函数为

$$p_t(i) = \alpha L_t^{1-\alpha} \left(\frac{A_t(i)}{x_t(i)} \right)^{1-\alpha} \cdot P_Z = \alpha \left(\frac{A_t(i)}{x_t(i)} \right)^{1-\alpha} \tag{3.2}$$

2. 中间品部门

中间品部门为熊彼特主义环境。任意中间品市场均存在一个在位垄断者和众多边缘企业。中间品生产施行以最终品为唯一投入要素的转换式生产。[①] 在位垄断者的生产技术是以最终品投入的 1:1 型转换生产,即无论中间品技术水平为何,始终可通过投入 1 个最终品得到 1 个中间品;边缘企业的生产技术水平较为落后,为 χ:1 型转换生产。中间品市场施行伯特兰德竞争。

自然地,垄断生产者的最优定价为略低于 χ,从而取得整个市场,有

$$p_t(i) \equiv p = \chi \tag{3.3}$$

其中,$1 < \chi < \alpha^{-1}$。可见,χ 是刻画市场竞争程度的代理变量,χ 越小,市场竞争程度越大。利用(3.2)式,得到中间品 i 生产商的均衡产量、均衡利润,并利用(3.1)式得到经济体均衡总产出:

$$x_t(i) = \left(\frac{\alpha}{\chi} \right)^{\frac{1}{1-\alpha}} A_t(i) \tag{3.4}$$

---

① 关于转换式生产的经济含义的标准解释,见 Barro and Sala-i-Martin(1995)的研究。

$$\pi_t(i) = (\chi - 1)x_t(i) = (\chi - 1)\left(\frac{\alpha}{\chi}\right)^{\frac{1}{1-\alpha}} A_t(i) = \bar{\pi}A_t(i) \qquad (3.5)$$

$$Z_t = \left(\frac{\alpha}{\chi}\right)^{\frac{\alpha}{1-\alpha}} A_t = \bar{z}A_t \qquad (3.6)$$

其中，$\bar{\pi} = (\chi - 1)(\alpha/\chi)^{1/(1-\alpha)}$，简单求导可知$\bar{\pi}$是市场竞争程度$\chi$的严格递增函数。$\chi$越大，$\bar{\pi}$越大，(3.5)式衡量的伯特兰德垄断利润就越大。(3.5)式和(3.6)式的重要含义表明，在位垄断者的均衡利润和经济体总产出，以及两者的增长动态，均由中间品的技术水平$A_t(i)$和社会平均技术水平A_t的增长动态所决定。

（二）技术差距收敛动态方程与"追赶陷阱"

由(3.5)式刻画的中间品生产利润与技术水平关系，使得在位垄断者同样具有激励进行研发创新。与前沿经济体在位企业技术进步模式不同的是，非前沿经济体的在位企业可以雇用企业家，通过同时吸收模仿国际前沿技术溢出和自主创新两种路径推动技术进步。相比吸收模仿的确定性，自主创新存在创新失败概率$1 - \mu_t$。在不导致混淆的情况下，中间品部门i的在位垄断企业编号为i，则在$t-1$时技术水平为$A_{t-1}(i)$的企业i，t时的技术水平为

$$A_t(i) = \begin{cases} \eta\bar{A}_{t-1}, & \text{概率为 } 1 - \mu_t(i); \\ \eta\bar{A}_{t-1} + \lambda A_{t-1}, & \text{概率为 } \mu_t(i)。 \end{cases}$$

可以得到t时企业i的预期技术水平为

$$E[A_t(i)] = \eta\bar{A}_{t-1} + \mu_t(i)\lambda A_{t-1}(i) \qquad (3.7)$$

其中，η表示企业家对上一期世界前沿技术的模仿吸收能力，λ则表示企业家立足于国内全部行业技术水平的自主创新能力，此处体现Romer(1990)以来的知识外溢性假设传统。

对(3.7)式左边积分，并简单变形，得到非前沿经济体t时的技术进步速率：

$$g_t = \frac{\int_0^1 E[A_t(i)]di}{A_{t-1}} = \frac{\eta}{a_{t-1}} + \mu_t\lambda \qquad (3.8)$$

其中，$a_{t-1} = A_{t-1}/\bar{A}_{t-1}$，表示 $t-1$ 时非前沿经济体与前沿经济体的技术差距，a_{t-1} 越小，表示技术差距越大。(3.8)式蕴含的经济直觉非常明显：当技术差距较大时，技术差距本身导致的追赶效应明显，并且企业家模仿吸收能力 η 对技术进步具有重要的作用；而当技术差距较小时（a_{t-1} 趋近于 1），创新能力 λ 以及创新到达率共同引致的创新效应将在推动技术进步中发挥更为显著的作用。

企业在 t 时期初，需要在继续雇用 $t-1$ 时期的年老企业家和雇用 t 时期新出生的年轻企业家之间进行选择。年老企业家相对于年轻企业家，由于具有 $t-1$ 时的技术创新经历，因此在 t 时对上一期的世界技术知识具有较强的吸收模仿能力。但是，基于既有国内知识水平，年老企业家在 t 时通过原始创新推出新知识需要付出更多的研发支出。为模型化这一经验事实且简化分析，假设年老企业家的相应技术创新能力类型为 $[\bar{\eta}, \lambda, \bar{\gamma}]$，年轻企业家相应为 $[\underline{\eta}, \lambda, \underline{\gamma}]$，可知有 $\bar{\eta} > \underline{\eta}$，$\bar{\gamma} > \underline{\gamma}$，$\gamma$ 表示不同类型企业家研发成本参数。①

企业无论雇用何种类型的企业家，t 时研发成功概率 $\mu_t(i)$ 取决于当期的研发支出 $R_t(i)$，但区别在于，获得同样大小的研发成功概率，雇用年老企业家和年轻企业家的研发支出不同：

$$R_t(i) = \begin{cases} \dfrac{1}{2} \cdot \bar{\gamma} \cdot [\mu_t(i)]^2 \cdot \bar{\pi} A_{t-1}(i)，雇用年老企业家 \\[2mm] \dfrac{1}{2} \cdot \underline{\gamma} \cdot [\mu_t(i)]^2 \cdot \bar{\pi} A_{t-1}(i)，雇用年轻企业家 \end{cases} \quad (3.9)$$

式(3.9)是我们与 Acemoglu et al.（2006）的一个重要不同，Acemoglu et al.（2006）直接外生假设年老和年轻企业家的创新能力与融资约束存在不同，而我们吸收内生增长理论的创新成功到达率思想，认为企业研发成功概率与其研发支出紧密相关，从而将企业在技术差距条件下的研发行为内生化。

企业在 t 时如果选择雇用年老企业家，由于年老企业家具有较强的

_____

① 也有研究将企业家创新成功后的自主创新能力参数 λ 进行了区分，这会使模型分析更加复杂，并不能得出更多新的洞察。

吸收模仿能力,(3.8)式反映出在远离技术前沿条件下,雇用年老企业家将获得更快的经济增长和更大的技术进步速率。本书将处于该模式下的增长定义为追赶导向型技术进步模式。企业雇用年老企业家的最优研发支出 $\mu_t^o(i)$ 将满足下式:

$$\max_{\mu_t^o(i)}\bar{\pi}\big[\bar{\eta}\bar{A}_{t-1}+\mu_t^o(i)\lambda A_{t-1}(i)\big]-\frac{1}{2}\bar{\gamma}\big[\mu_t^o(i)\big]^2\bar{\pi}A_{t-1}(i)。$$

对上式进行最优化求解,不难得到 $\mu_t^o(i)=\dfrac{\lambda}{\gamma}$,代入(3.7)式,运算推出本章的重要方程——追赶型模式的技术差距收敛动态方程:

$$a_t^o=\frac{\bar{\eta}}{1+g^{\text{world}}}+\frac{\lambda^2/\bar{\gamma}}{1+g^{\text{world}}}a_{t-1} \tag{3.10}$$

如果在 t 时企业选择雇用年轻企业家替代上一期企业家,意味着市场或企业家之间竞争扩大。由于年轻企业家具有较低的研发创新成本参数,同等研发支出下,可以获得较大研发创新成功概率 μ_t。我们将处于该模式下的增长定义为竞争导向型技术进步模式。企业雇用年轻企业家的最优研发支出 $\mu_t^Y(i)$ 将满足下式:

$$\max_{\mu_t^Y(i)}\bar{\pi}\big[\underline{\eta}\bar{A}_{t-1}+\mu_t^Y(i)\lambda A_{t-1}(i)\big]-\frac{1}{2}\underline{\gamma}\big[\mu_t^Y(i)\big]^2\bar{\pi}A_{t-1}(i)-$$
$$k\bar{\pi}^2A_{t-1}(i)。$$

其中,$k\bar{\pi}^2A_{t-1}(i)$ 表示企业为雇用年轻企业家,需要支付一定额外的年轻企业家培训费用,该费用与上期企业利润 $\bar{\pi}A_{t-1}(i)$ 成固定比例,比例因子为 $k\bar{\pi}$。相比之下,年老企业家则不需要这一费用。

对上式进行最优化求解,得到 $\mu_t^Y(i)=\dfrac{\lambda}{\underline{\gamma}}$,代入(3.7)式,运算推出本章的重要方程——竞争型模式的技术差距收敛动态方程:

$$a_t^Y=\frac{\underline{\eta}}{1+g^{\text{world}}}+\frac{\lambda^2/\underline{\gamma}}{1+g^{\text{world}}}a_{t-1} \tag{3.11}$$

追赶型模式和竞争型模式的技术差距收敛曲线,可直观如图 3.6 所示。假设两条技术差距收敛曲线的交叉点 a^* 为判断发展中经济体从远离技术前沿向准技术前沿阶段转型的标准。显然,在发展中经济体远离国际技术前沿阶段，即当 $a_{t-1} \leqslant a^*$ 时，由技术差距蕴含的追赶效应将驱动技术进步更为迅速。本章第二部分"典型化事实：G7 内部差距与 NIE 的追赶分化"显示的新兴工业化经济体在其增长初期，一般均具有远大于以美国为代表的世界技术前沿的增长速率，其中一个主要原因便是此处揭示的由技术差距以及吸收模仿带来的追赶效应。但是，相比于竞争型，追赶型技术差距收敛曲线与 45 度斜线的交叉点位置更低，一旦出现交叉，技术差距便出现过早收敛。本书将该交叉点所对应的技术差距值定义为技术"追赶陷阱"值——a_{trap}。这意味着追赶型模式面临在仍存在较大技术差距情况下便陷入"追赶陷阱"的潜在可能。

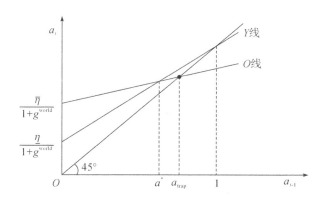

图 3.6　非前沿经济体的技术差距收敛路径

注：Y 线、O 线分别表示企业雇用年轻或年老企业家实施竞争型或追赶型模式的技术差距收敛曲线，a_{trap} 表示追赶型增长收敛曲线与 45 度斜线交叉点对应的技术差距值，预示追赶型模式可能面临的"追赶陷阱"。

（三）市场竞争、技术进步模式转换与"追赶陷阱"的规避

那么一个自然的问题是，对于非前沿经济体的经济增长与技术差距收敛过程，如何才能实现速度最快、时间最短的技术进步路径呢？图 3.6 显示，最优的技术进步路径，应该根据技术差距条件变化而变化。当 $a_{t-1} \leqslant a^*$ 时，非前沿经济体应施行追赶型模式；而当 $a_{t-1} > a^*$，应转向竞争型模式。

但是，在微观机制层面，a^* 未必是促使企业转向竞争型模式的内生

转型点。具体来看，当且仅当

$$E[\pi_t^o(i)] \leqslant E[\pi_t^Y(i)],$$

也即(3.12)式成立时，企业才会选择转向竞争导向型技术进步模式：

$$\bar{\pi}\left[\bar{\eta}\bar{A}_{t-1} + \frac{\lambda^2}{\gamma}A_{t-1}(i)\right] - \frac{\lambda^2}{2\gamma}\bar{\pi}A_{t-1}(i) \leqslant$$

$$\bar{\pi}\left[\underline{\eta}\bar{A}_{t-1} + \frac{\lambda^2}{\gamma}A_{t-1}(i)\right] - \frac{\lambda^2}{2\underline{\gamma}}\bar{\pi}A_{t-1}(i) - k\bar{\pi}^2A_{t-1}(i) \quad (3.12)$$

由(3.12)式推导得到企业选择模式的内生转型点为

$$\hat{a} = \frac{\bar{\eta} - \underline{\eta}}{\frac{1}{2}\left(\frac{1}{\underline{\gamma}} - \frac{1}{\gamma}\right)\lambda^2 - k\bar{\pi}} = \hat{a}(\chi) \quad (3.13)$$

当企业家能力系数$[\eta, \lambda, \gamma]$不变时，该内生转型点仅与利润系数$\bar{\pi}$有关，最后一个等号之所以成立，我们利用了$\bar{\pi}$与市场竞争程度χ的关系式。

现在，我们已经准备好分析市场竞争变量χ在技术差距异质性条件下，对远离前沿经济体、准前沿经济体的技术进步的不同作用。容易看出

$$\frac{\partial \hat{a}(\chi)}{\partial \chi} > 0,$$

并得出**引理1**：提高市场竞争程度χ，将**降低**企业内生转型点$\hat{a}(\chi)$。

图3.7清晰刻画出在远离技术前沿时，扩大市场竞争，导致内生转型点$\hat{a}(\chi)$降低的技术进步绩效与后果。当技术差距$a_{t-1} \leqslant a^*$时，即经济体处于远离技术前沿阶段，由于$\frac{\partial \hat{a}}{\partial \chi} > 0$恒成立，扩大市场竞争，使$\chi$由$\chi_1$降低为$\chi_2$，相应使得内生转型点$\hat{a}(\chi_1)$降低为$\hat{a}(\chi_2)$，导致企业转向竞争型技术进步模式。由于在远离国际技术前沿阶段，追赶效应仍然在推进技术进步中发挥主导作用，模式过早转型导致技术进步率下降。本书将该情形概括为低水平竞争困境。

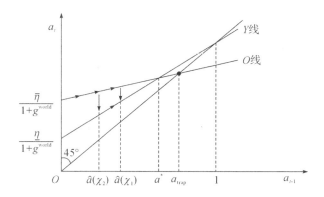

图 3.7 远离前沿技术经济体(FFEs)的市场竞争与技术进步

注：Y 线、O 线分别表示企业雇用年轻或年老企业家实施竞争型或追赶型模式的技术差距收敛曲线，a_{trap} 表示追赶型模式收敛曲线可能面临的"收敛陷阱"。$\hat{a}(\chi_1)$、$\hat{a}(\chi_2)$ 分别表示市场竞争程度 χ_1 降低为 χ_2 的内生转型点。

同理，当 $a_{t-1} > a^*$，即经济体已处于准技术前沿阶段，如果 $\hat{a}(\chi_1) > a_{trap}$，经济体将在到达内生转型点 $\hat{a}(\chi_1)$ 之前陷入"追赶陷阱"，最终无法赶上世界技术前沿。此时，如果扩大市场竞争，使 χ 由 χ_1 降低为 χ_2，相应使得内生转型点 $\hat{a}(\chi_1)$ 降低为 $\hat{a}(\chi_2)$，使企业在陷入追赶陷阱前，转向竞争型模式(图 3.8)。由于该情景下，竞争引致的创新效应在推动技术进步过程中发挥主导作用，经济增长率和技术进步率将进一步提高，从而规避"追赶陷阱"，使得经济体最终赶上世界技术前沿。

综合上述机制分析，我们推出本书的核心命题，即**命题 1**：当经济体远离技术前沿时，竞争引致的创新效应小于技术差距引致的追赶效应，扩大市场竞争将降低技术进步率；当经济体处于准技术前沿时，竞争引致的创新效应大于技术差距引致的追赶效应，扩大市场竞争将规避潜在的技术"追赶陷阱"，提高技术进步率。

命题 1 实际上综合解释了本章第二部分根据 G7 国家和新兴工业化经济体增长与收敛经验提出的两大典型化事实。G7 集团内英、法、德等欧洲国家，虽然已实现稳步增长，但与以美国为代表的世界技术前沿长期存在稳定差距，Stiglitz and Greenwald(2006)、Stiglitz(2015)等认为欧洲存在"创新赤字"，实际上可能正是欧洲存在竞争不足的情况，使其

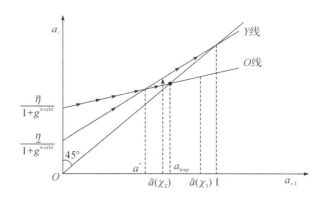

图 3.8　准前沿技术经济体(QFEs)的市场竞争与技术"追赶陷阱"

注:Y 线、O 线分别表示企业雇用年轻或年老企业家实施竞争型或追赶型模式的技术差距收敛曲线,a_{trap} 表示追赶型模式收敛曲线可能面临的"收敛陷阱"。$\hat{a}(\chi_1)$、$\hat{a}(\chi_2)$ 分别表示市场竞争程度 χ_1 降低为 χ_2 的内生转型点。

陷入本书所描述的准前沿经济体的技术"追赶陷阱"。而相当一部分 NIE 前期增长率和技术进步率表现出非凡的奇迹,但随后在技术差距相当大的情况下,便出现停滞甚至差距扩大的情形,与本书刻画的远离前沿经济体因过早过度扩大市场竞争而陷入低水平竞争困境相对应。

四、计量检验:基于非前沿经济体的跨国面板数据研究

(一)计量模型构建与变量设定

理论部分关于技术差距、市场竞争与技术进步的关系探究主要揭示出两个观点:第一,技术差距(a_t)对非前沿经济体的技术进步存在追赶效应,技术差距较大,非前沿企业面临较高的技术模仿吸收空间,通常会导致较高的技术进步率;第二,市场竞争(χ)引致创新效应具有非线性性质,在技术差距较大且追赶效应处于主导地位时,较强市场竞争将降低技术进步率,反之则不然。

自然地,技术差距、市场竞争以及其他变量对国别技术进步的影响是计量部分探讨的核心。据此,本部分设定如下基本计量模型:

$$\text{grow}_{it} = \alpha_0 + \alpha_1 \, \text{gap}_{it} + \alpha_2 \, \text{comp}_{it} + \alpha_3 \, \text{gap}_{it} \times \text{comp}_{it} + \beta X + \varepsilon_{it} \quad (3.14)$$

其中,下标 i 和 t 分别表示国家和时间,X 为影响国别技术进步率的其

他控制变量如 hc_{it}、k_{it} 等，各变量具体含义如下：

$grow_{it}$ 指国家 i 在 t 年度的技术进步率。当前通常以全要素生产率（total factor productivity，简称 TFP）的增长率作为技术进步率的代理指标。但是一个经济体的 TFP 及其增长率的测量方法本身也仍然处于发展之中，从最初的生产函数索洛余值法到基于 DEA 的半参数、参数法。由于计算对数据质量要求比较高，不同学者以不同方法对基于不同质量的国别数据测算得到的国别 TFP 水平差异性较大。PWT（8.1）仍然以索洛余值法测算出国别的 TFP 水平，但 De Loecker and Warzynski（2012）认为索洛余值法需要以完全竞争的产品和要素市场为前提，这一假设条件与事实相距甚远。本书借鉴 Acemoglu et al.（2006）的做法，以劳动生产率代表技术水平，并以此为基础测算技术进步率。

gap_{it} 指国家 i 在 t 年度与世界技术前沿的技术差距。测量技术差距需要本国与世界前沿国的技术水平数据。此处以美国劳动生产率水平代表世界技术前沿水平，并以国家 i 劳动生产率与美国同期比值为 i 国的技术差距 gap_{it}。为便于解读，计量部分取逆向的技术差距，gap_{it} 数值越大，表示该国越远离国际技术前沿。

$comp_{it}$ 指国家 i 在 t 年度的国内市场竞争程度。$comp_{it}$ 是核心解释变量之一，与微观上常以测量市场集中度的赫芬达尔-赫希曼指数（HHI）、利润率（沈坤荣、孙文杰，2009；黄先海等，2015）、勒纳指数或加成率等指标代理行业竞争程度不同，目前，尚没有得到广泛认同的比较国别竞争程度的量化指标。最近 Acemoglu et al.（2006）、Djankov et al.（2002）以在不同国家新开办企业所需经历的程序复杂度代理不同国家的竞争程度。但是，该指标与前述理论部分具有创新效应内涵的"竞争"程度相差较远。Fraser 研究所提供的国别自由度指数综合考虑政府干预和国有企业规模、企业融资便捷性以及投资管制等指标，能更准确地反映经济体的竞争环境。

hc_{it} 指国家 i 在 t 年度的人力资本指数。Lucas（1988）、Stokey（2015）等均强调人力资本在技术创新，特别是在吸收能力中居于核心地位。Benhabib and Spiegel（1994、2005）等经过大量经验研究，发现人力资本在后发国家吸收模仿国际知识溢出中具有显著的正面影响,但是也有相当多的文献指出人力资本对技术进步率的影响并不突出,至少是滞后,并且存在门槛效应。

k_{it} 指国家 i 在 t 年度的资本密集度。资本密集度(劳均资本)在新古典增长理论中具有突出位置,即使在内生增长理论中技术进步是物化的,那么更高的资本密集度也可能会促进技术进步率的提高。但是在发展中国家,如果资本更多是以厂房、通用设备形式体现,那么其对技术进步率的作用可能是微弱的,甚至一般认为,如果一个时期的 k_{it} 过高,TFP 增长率反而可能下降。

(二)数据来源、匹配处理与统计特征

1. 数据来源

(1)Penn World Table(8.1)

Penn World Table(简称 PWT)最早是由联合国的国际比较计划(ICP)委托美国宾夕法尼亚大学国际比较研究中心编制的国别 GDP 比较数据,最初版本可追溯到 1975 年。PWT(7.0)之前的数据仅包含经购买力平价(PPP)调整的 GDP 以及人口、从业人数、资本存量等少量关键时序数据,但仍然逐渐成为国际经济学研究的基础数据库之一。从 PWT(8.0)开始,加州大学的 Feenstra 等人开始领导 PWT 的维护及数据更新工作,他们整合纳入 Barro and Lee(2013)提供的国别人力资本指数,并核算出各国相对于美国以及相对于历史点的 TFP 指数数据,为本书研究提供了重要的跨国数据支撑。

(2)Economic Freedom of the World Index

根据前述变量含义,企业及行业层面的市场集中度、勒纳指数等并不能较好反映整个经济体的市场竞争程度,目前并没有度量国别市场竞争程度的相关数据。Economic Freedom of the World Index(简称 EFW 指数)由加拿大 Fraser 研究所负责维护,提供最早可追溯至 1970 年的涵盖世界绝大多数国家的市场自由和竞争程度指数。EFW 指数采用 0—10 变量,经济体的该指数越大,表示该经济体的市场自由和竞争程度越高。数据显示新加坡、美国、加拿大等国家和地区的市场 EFW 指数长期处于世界领先水平,与经验观察保持一致。

2. 数据匹配与处理

PWT 和 EFW 指数的样本具有一致的国家和地区标准代码(ISO-code),为数据匹配提供了便利。本书研究先以 ISO-code 为唯一识别码对两个数据库进行匹配,然后移除只有 EFW 指数数据但缺失其他经济变量或完全缺失 EFW 指数的样本点,得到 115 个国家和地区的历史数据。然后,鉴于 EFW 指数数据最早从 1970 年开始,但 40％左右的地区直至更晚才具有数据记录,并且在 1970　2000 年为每 5 年核算一次,过多的样本空缺值可能会导致估计不准确,因此我们移除了 1960 年之前的数据,并且将 EFW 指数在开始有记录之后的 5 年间的空缺值进行平均值填充,最终得到 115 个经济体 1960—2011 年的长序列非平衡面板数据。[①] 最后,以 PWT 中的 NA 账户为基准,计算出各国生产率增长率等纵向数据,横向数据比较如技术差距则以 PPP 账户为基准计算。

3. 统计特征

计量模型所涉及主要变量的统计特征列于表 3.1。

表 3.1　主要变量的统计特征

变量	样本量	均值	标准差	最小值	最大值
grow	5174	0.0182	0.0528	0.7843	4.7843
gap_lp	5253	1.5432	1.1700	−3.7880	5.3775
comp	4085	6.0959	1.3115	2.61	9.15
hc	5347	2.1684	0.6305	1.0182	3.6187
k	5215	10.4948	1.2835	7.1284	12.7493

注:部分水平型指标进行对数化处理,以平稳数据。
资料来源:PWT(8.1)与 EFW 指数。

(三)基本回归结果

利用匹配后的跨国面板数据,本部分将对技术差距、市场竞争以及

[①] 115 个经济体的 GDP 总量约占当期世界经济总量 93％上下,基本可以反映世界各国经济情景。

技术进步率的计量研究结果进行分析。我们分别以 POLS、IV、面板 FE 三种估计方法对模型(3.14)进行回归,结果汇报见表 3.2。

表 3.2　基于非前沿经济体的基本回归结果

变量	POLS			IV		面板 FE	
	(1)	(2)	(3)	(4)	(5)	(6)	(7)
gap_lp	0.0008	0.0025**		0.0033***		0.0331***	
	(0.93)	(2.41)		(3.98)		(3.23)	
comp	0.0062***	0.0047***	0.0062***	0.0076***	0.0048***	0.0127***	0.0156***
	(7.92)	(5.42)	(6.44)	(9.72)	(5.44)	(8.49)	(8.25)
gap_lp× comp			−0.0084***		−0.0011***		−0.0170***
			(−4.06)		(−2.61)		(−3.83)
hc		0.0079*	0.0035		0.0036	0.0367*	0.0025
		(1.93)	(1.30)		(1.47)	(1.74)	(0.33)
k			−0.0090***		−0.0031**	−0.0063	−0.0346***
			(−4.49)		(−2.26)	(−0.81)	(−6.22)
_cons	−0.0260***	−0.0375***	0.0940***	−0.0386***	0.0121	0.0410	0.3374***
	(−4.49)	(−5.19)	(3.86)	(−6.69)	(1.15)	(0.51)	(5.86)
Year dummy	Yes	Yes	No	Yes	No	No	No
Fixed effect	No	No	Yes	Yes	Yes	Yes	Yes
N	3464	3292	3863	3464	3863	3863	3863
R^2	0.023	0.026	0.024	0.028	0.017	0.066	0.047

注:鉴于 comp 在 1980 年前在不少国家存在相当程度的缺少,部分回归施加大于 1980 年的哑变量。括号内为 t 值。* 表示 $p<0.1$,** 表示 $p<0.05$,*** 表示 $p<0.01$。

作为一个初步参考,表 3.2 第(1)列为仅保留核心解释变量 gap_lp、comp 情况下的 POLS 估计结果,结果发现技术差距对技术进步率的影响并不显著。然而在第(2)列控制人力资本变量后,技术差距对技术进步率的正面影响通过了 5% 的显著性检验。这与 Benhabib and Spiegel (2005)、Stokey(2015)的经验研究相吻合,即技术差距具有追赶效应,但追赶效应依赖于其他条件,追赶效应强弱尤其取决于人力资本变量支撑的本国模仿吸收能力。为观察不同经济体的技术差距异质性对市场竞争绩效的调节效应，第(3)列纳入两者交叉项后并使用稳健标准误后再进行回归，结果显示 comp 的技术进步效应显著为正，但 gap_lp×comp 的系数显著为负。综合第(1)至(3)列的结果，可以得出就平均水平而言，非前沿经济体扩大市场竞争有利于技术进步率的提升，但当与技术前沿距离越过一定门槛时，过大的市场竞争反而对技术进步起反向作用。这与图 3.4 基于巴西增长案例显示的典型化事实，以及命题 1 揭示的理论机制是较为吻合的。

　　根据 comp 以及 gap_lp×comp 系数运算得出，当非前沿经济体与世界技术前沿经济体的技术差距(e^{gap_lp})大于 2.09 或 2.50 时[①]，扩大市场竞争将对技术进步率起到反向作用。其经济直觉是较为明显的，当本国技术水平尚不足技术前沿国的 1/2 时，技术差距蕴含的技术模仿和吸收空间巨大，追赶效应在推动技术进步中居于主导地位。而当经济体"逆"技术差距接近 1/2 并逐渐接近国际技术前沿时，创新效应对技术进步的促进作用居于主导地位，扩大市场竞争有助于企业更早转向竞争型技术进步路径(图 3.8)，进而导致更快的技术进步和技术收敛速度，这为非前沿经济体的竞争政策制定提供了一种可量化的参考基准。

　　第(4)至(5)列为 IV 方法的估计结果。根据模型(3.14)，因变量 grow 本身是自变量 gap_lp 在基期年与下一年的变化比例，因此gap_lp 可能存在较为严重的内生性，导致对 gap_lp 系数 α_1 的估计可能是有偏的(Wooldridge，2009)。参考 Acemoglu et al.(2006)的做法，第(4)列以 gap_lp 的一阶滞后项为工具变量重新回归。与第(1)列相比，即使在不包含 hc 变量的情况下，gap_lp 的参数回复在 1% 水平上高度显著，表明上一期的技术(差距)水平可能已经将人力资本以及研发等变量的技术进步效应囊括在内。第(5)列显示 comp 以及 gap_lp×comp 的显著性与方向与 POLS 方法均保持一致。

　　POLS 和 IV 估计结果虽然与理论预期保持一致，但并没有充分利

[①]　该数值分别由表 3.2 第(3)列和第(7)列计算而得。有趣的是，市场竞争对技术进步绩效的技术差距的逆转值(2.09 或 2.50，平均为 2.25)，与第三章第二部分典型化事实中 NIE 追赶型增长的分化路径极为接近。

用面板数据信息。经 Hausman 检验,面板固定效应要优于随机效应[①],因此以面板 FE 方法对模型进行再估计。如第(6)至(7)列结果显示,即使在不施加 Year dummy 的情况下,面板估计均能得出相对较好的结果,模型总体解释力(R^2)显著上升。技术差距、市场竞争以及人力资本对技术进步率的影响程度均有所提高,但影响方向与前述方法保持一致,命题 1 揭示的技术差距存在追赶效应而市场竞争存在依技术差距而变动的非线性创新效应得到一致验证。同时,相比于 IV 方法,根据第(7)列的系数计算的技术差距门槛值更符合实际。

对其他控制变量而言,人力资本 hc 的符号虽然均为正,但其显著性并不稳健,Xu(2000)以跨国公司调查数据检验人力资本对东道国生产率增长率的影响,同样得出人力资本在多数情景下并不显著的结果。[②]劳均资本密集度 k 在三种估计方法下的系数均为负,且在大多数情况下是显著的,这与通常的观点有所出入。在新古典增长理论中,提高劳均资本密集度对经济增长具有核心作用,但当前计量结果表明,劳均资本密集度可能仅具有水平效应,其垂直效应并不明显,实际上,劳均资本密集度的提升可能对技术进步率的影响起到反向作用。

(四)稳健型检验

1. 基于准前沿经济体(OECD 国家[③])的分样本检验

跨国经验研究的主要障碍在于国别数据的可比性、完整性和准确性较难保证,普遍的观点是 OECD 国家在跨国比较方面能够提供最高可得性的数据质量。本部分以 OECD 国家 1970—2011 年的分样本,对模型(3.14)各变量进行稳健型检验。

---

① 虽然 Hausman 检验不支持随机效应,但其回归结果与固定效应方法在对主要变量的回归系数上是基本一致的,此处并未汇报。

② Barro and Lee(2010)表明在某些分样本情况下,人力资本对经济增长率和技术进步率的影响均是显著为正的。结合本书的计量结果,存在一种可能,即人力资本对非前沿经济体的技术进步率的影响本身也与技术差距密切相关,并存在门槛效应。当经济体处于准前沿或前沿位置时,人力资本对技术进步率的影响将趋于显著为正;而当远离前沿时,人力资本的正向影响则趋于弱化。

③ 以 2010 年为节点,OECD 吸收爱沙尼亚、以色列和斯洛文尼亚为新成员,共计 34 个经济体。

我们以 IV、FE、RE 三种方法分别估计,考虑到较长的样本跨期,均施加时间固定效应。通过不施加稳健标准误的面板固定效应回归,输出的 p 值为 0.0000,强烈拒绝不存在个体效应的原假设。LSDV 方法的输出结果,进一步确认固定效应结果优于混合回归。过度识别检验的 p 值为 0.0009(表 3.3 中 Sargan-Hansen test),统计结果支持固定效应优于随机效应回归。作为一种横向参考,仍然将面板 RE 估计结果一并汇报于表 3.3。

表 3.3 基于准前沿经济体(OECD 国家)的分样本回归

变量	IV		FE		RE	
	(1)	(2)	(3)	(4)	(5)	(6)
gap_lp	0.0137***		0.0311***		0.0145**	
	(4.74)		(2.95)		(2.20)	
comp	0.0199***	0.0149*	0.0406**	0.0534**	0.0436***	0.0473***
	(2.59)	(1.94)	(2.73)	(2.63)	(3.60)	(3.36)
gap_lp×comp		0.0073***		−0.0088*		−0.0021
		(4.95)		(−1.72)		(−0.60)
hc	−0.0027	−0.0026	−0.0032	−0.0068	−0.0082	−0.0059
	(−1.04)	(−1.01)	(−0.29)	(−1.01)	(−1.49)	(−1.04)
k	−0.0082***	−0.0082***	0.0095	−0.0286**	−0.0158***	−0.0271***
	(−3.11)	(−3.19)	(0.96)	(−2.42)	(−2.86)	(−4.20)
import	0.0058*	0.0055*	0.0173*	0.0237**	0.0099	0.0127*
	(1.81)	(1.70)	(1.08)	(2.70)	(1.28)	(1.72)
export	−0.0024	−0.0022	−0.0142	−0.0115**	−0.0073	−0.0092
	(−0.78)	(−0.73)	(−1.55)	(−2.04)	(−1.09)	(−1.61)
_cons	0.0815***	0.0912***	−0.1565	0.3101**	0.1391**	0.2695***
	(2.73)	(3.29)	(−1.36)	(2.60)	(2.43)	(4.72)
N	1270	1270	1270	1273	1270	1273

续表

变量	IV		FE		RE	
	(1)	(2)	(3)	(4)	(5)	(6)
Year dummy	Yes	Yes	Yes	Yes	Yes	Yes
Prob>F			0.0000	0.0000	0.0000	0.0000
Sargan-Hansen					0.0009	0.0009
R^2	0.0839	0.0853	0.2763	0.2611	0.1104	0.1063

注:鉴于 OECD 样本提供了更为丰富的劳动力以及年均工作时间的国别数据,表中 gap_lp 为劳动生产率,三种估计方法下 gap_lp 均施加滞后一期。其余变量与前文保持一致。* 表示 $p<0.1$,** 表示 $p<0.05$,*** 表示 $p<0.01$。

结果显示,即使在 OECD 等准前沿经济体内部,技术差距仍然对技术进步率具有显著且稳定的正向作用。平均而言,若非前沿经济体与以美国为代表的世界技术前沿的差距趋于消失,那么技术进步率或经济增长率将降低约 1 到 2 个百分点。[①] 鉴于 OECD 国家在样本期内的年均增速约为 3% 至 4%,因此如果技术差距趋于消失,将导致 30% 上下的技术进步率和经济增长率的下滑幅度。

相比于表 3.2 所示的全样本结果,OECD 分样本关于市场竞争 comp 的估计结果更为显著,且平均系数值更大,这意味着扩大市场竞争对准前沿经济体的技术进步速率的正面作用更为强烈。同时 gap_lp × comp 这一交叉项的系数显示,除第(4)列通过 10% 的显著性检验外,第(2)和第(4)列结果显示为正的显著和负的不显著,而在表 3.2 中这一系数均在 5% 水平上显著为负。考虑到 OECD 国家的技术水平均已接近世界技术前沿,结合表 3.2 中的估计结果,可以推论出一条重要内涵,即当非前沿经济体接近世界技术前沿时,市场竞争抑制技术进步的负面效应的产生条件趋于消失。因此,可以认为 OECD 国家的分样本结果,与前述命题中揭示的在远离技术前沿条件下扩大市场竞争抑制技术进步和在准技术前沿条件下扩大市场竞争加速技术进步的理论预期是吻合的。

---

① 以表 3.3 中第(1)、(3)、(5)列 *gap_lp* 系数平均值与表 3.1 中相应数据相乘计算而得。

此外,由于OECD国家样本提供了更为全面的数据,表3.3还增加进、出口份额控制变量,以观察进出口对技术进步率的异质性。由于施加了更多控制变量,模型解释力(R^2)相对于全样本进一步上升。回归结果显示在多数模型下,进口相对出口均具有更显著的正面促进作用。人力资本的系数全部为负,但并不显著,结合表3.2,这意味着人力资本对技术进步率的提高作用并不明显。劳均资本密集度的作用及方向与前述表现相同。

2. 基于全样本GMM的稳健性检验

影响各国生产率增长率的经济社会变量非常复杂,鉴于PWT和EFW指数构成的跨国匹配数据库的数据可得性,模型(3.14)虽已包含劳均资本、人力资本、市场竞争、贸易比例等主要经济变量,但并不包含譬如R&D、政府支出等被广泛认为对经济增长和技术进步会产生明显作用的变量,这使得前述回归可能存在遗漏变量问题。对此,一个补救方案是在解释变量中增加生产率增长率的滞后变量,即拓展模型(3.14)如下:

$$\text{grow}_{it} = \alpha_0 + \alpha_1 \, \text{gap}_{it} + \alpha_2 \, \text{comp}_{it} + \alpha_3 \, \text{gap}_{it} \times \text{comp}_{it} +$$
$$\beta X + \gamma \text{grow}_{it-1} + \varepsilon_{it} \tag{3.15}$$

模型(3.15)的解释变量包含被解释变量的滞后值,这使得即使使用前文的组内估计方法(如表3.3中的FE方法),估计结果也会出现不一致的情况(Nickell,1981)。为尽可能消除被解释变量滞后项带来的内生性问题,本部分分别使用差分GMM(Diff-GMM)和系统GMM(Sys-GMM)两种估计方法进行回归。GMM方法成立的前提在于扰动项ε_{it}不能存在自相关。表3.4中下方Arellano-Bond统计量的检验结果显示,两种方法的扰动项差分一阶序列相关而二阶序列不相关,因而可以判断系统GMM和差分GMM方法均可以成立。但是,用于过度识别检验的Sargan统计量显示,系统GMM存在"弱工具变量"问题,因此计量结果分析主要以差分GMM结果为基础。

表 3.4　基于全样本的面板 GMM 回归

变量	差分 GMM		系统 GMM	
	(1)	(2)	(3)	(4)
L. grow	0.1310***	0.1476***	0.1185***	0.1467***
	(3.64)	(4.22)	(3.64)	(5.72)
gap_lp	0.4261***	0.4135***	0.4023***	0.3222***
	(7.16)	(7.25)	(10.13)	(8.36)
comp	0.0527***	0.1684*	0.0271	0.1031***
	(2.60)	(1.88)	(1.61)	(2.62)
gap_lp×comp		−0.0572		−0.0304*
		(−1.36)		(−1.81)
hc	−0.2249***	−0.2714***	−0.0084	−0.0254
	(−4.26)	(−4.89)	(−0.40)	(−1.09)
k	0.1273***	0.1575***	0.0221***	0.0258***
	(4.63)	(6.08)	(2.69)	(3.01)
import	0.0130**	0.0120*	0.0279***	0.0263***
	(2.22)	(1.89)	(3.04)	(2.66)
export	−0.0859***	−0.0809***	−0.0722***	−0.0649***
	(−6.73)	(−6.77)	(−7.06)	(−4.33)
_cons	−1.3749***	−1.9408***	−0.2774***	−0.4511***
	(−4.71)	(−5.66)	(−3.23)	(−3.91)
Year dummy	Yes	Yes	Yes	Yes
Robust	Yes	Yes	Yes	Yes
A-B test	0.2690	0.4869	0.1368	0.3784
Sargan test	0.3747	0.3578	—	—
N	3417	3417	3527	3527

注:表中各变量含义与前表保持一致。括号中的数值是 t 值,* 表示 $p<0.1$,** 表示 $p<0.05$,*** 表示 $p<0.01$。

表 3.4 前两列基于差分 GMM 的结果显示:第一,技术进步率的一阶滞后对当期技术进步率的增长具有显著的正向作用,鉴于工具变量数

的约束,模型并没有对更高阶滞后项的作用进行预测。结果可以表明,一个经济体的技术进步存在某种路径依赖特性,前一个时期的技术进步率对当期技术进步状态具有较强烈的基础作用。第二,技术差距的一阶滞后项均通过1‰的显著性水平检验,意味着初期技术差距蕴含的追赶效应对当期技术进步具有显著的正向推进作用。第三,市场竞争对技术进步的正面推动作用,在平均意义上仍然与基准模型保持一致,其与技术差距交叉项系数的显著性较低,但仍能显示出只有当技术差距缩小至一定范围后,市场竞争对技术进步的推动才会发挥更大作用。其余控制变量的作用与前文检验没有实质性不同,人力资本以及出口对生产率增长率仍然无法显示出积极影响,但劳均资本显示出一致的正面作用。总体而言,GMM模型回归各变量的显著性与基准模型以及分样本回归均有一定提升,这进一步验证了本章核心命题的理论预期,即非前沿经济体处于不同技术差距阶段时,技术差距带来的追赶效应和市场竞争导致的创新效应具有动态性,特别是只有当非前沿经济体的技术差距较大时,过早扩大市场竞争,反而会抑制技术进步。而当技术差距缩小至一定范围后,扩大市场竞争对技术进步率才能发挥出显著的提升作用,从而推动技术差距较小的准前沿经济体继续向国际前沿收敛。

五、研究小结与政策含义

(一)研究小结

技术进步是发展中经济体国民收入增长的根本动力,跌入中等收入陷阱的深层机制是在经济体技术差距基本面发生阶段性变化后,技术进步动力模式未能适时转换而陷入技术追赶陷阱。经典型化事实、模型刻画、实证研究,本章在理解发展中经济体技术进步和技术差距收敛的相关文献中,具有如下可能的创新之处。

1.政策实践层面

与世界银行以收入维度将世界各国划分为低收入国家、中等收入国家和高收入国家三类别不同,本书可能是率先在技术维度,将世界各国划分为远离前沿经济体、国际准前沿经济体和前沿经济体的。经基于

NIE 的典型化事实分析和基于 115 个经济体的跨国面板计量研究，本书提出：以本国劳动生产率为代理的技术水平约为同期美国的 2/5 及以上的经济体，可以认为已进入国际准前沿阶段；低于该值，则可认为处于远离技术前沿阶段。

2.理论洞察层面

通过构建出一个极为一般的熊彼特主义的内生增长框架，本书以技术差距视角分析发展中经济体从远离前沿到准前沿阶段的最优技术进步模式，发现：对于远离前沿的经济体，技术差距引致的追赶效应显著，追赶导向型技术进步模式可引致快速技术进步，而扩大竞争将导致低水平竞争困境；对于国际准前沿经济体，追赶效应衰减，并且追赶型模式会面临潜在技术追赶陷阱，而扩大竞争则可激励企业转向竞争导向型技术进步模式，不仅可规避潜在的技术追赶陷阱，而且将加快技术进步，推动准前沿经济体进一步向国际技术前沿收敛。在这一过程中，国家对市场竞争等环境变量的宏观调节可在规避技术追赶陷阱、推动技术进步模式适时转换中发挥重要的外组织功能。这为中等收入陷阱的发生机理与规避机制提供了新的分析框架和理论洞察。

(二)政策含义：适时转向竞争导向型的技术进步激励体系

纵观包括中国在内的新兴工业化经济体在其高速增长时期的发展特征和经验，从技术维度看，可归结出一个共同技术发展模式——追赶导向型技术进步模式，即通过有导向的大规模投资(物质体现型技术进步)以及有意识维持较弱的市场竞争、较弱的知识产权保护、较密集的外资引进、较集中的政府补贴，实现资本维度的快速积累和技术维度的快速模仿吸收，从而推动国民经济高速增长。然而，根据本书的分析框架和实证研究结果，追赶导向型技术进步模式的有效实施依赖于技术差距的阶段性，当本国处于国际准前沿阶段时，追赶导向型模式具有陷入技术追赶陷阱进而跌入中等收入陷阱的潜在风险。因此，应当在技术差距缩小并处于准技术前沿阶段时，加快转向竞争导向型技术进步模式以及相应的技术进步激励体系，即以扩大竞争、促进创新为核心，施行更强的知识产权保护、更宽松的外资进入政策，以促进国际竞争，通过覆盖率更高的补贴发放以诱导更多潜在企业进入准前沿甚至前沿产业。

在基于研究结论提出正式的政策性启示之前，应强调技术差距的动态变化是最优技术进步模式转换时机以及政府对市场竞争变量调节绩效的判断基础，过早扩大市场竞争可能导致陷入低水平竞争困境，过晚则可能陷入技术追赶陷阱。跨国面板数据的经验研究结果发现，当劳动生产率超过美国等国际技术前沿经济体的 2/5 时，可以认为经济体已处于准技术前沿阶段，此时扩大市场竞争，比起在远离技术前沿阶段，将会取得更为显著的技术进步绩效。

对于已处于国际准前沿阶段的发展中经济体，应适时有序扩大市场竞争，加快转向竞争导向型技术进步模式，并建立竞争导向的技术进步激励体系。本书具体提出如下政策性建议：第一，扩大产品市场的进入端、供给侧和跨区域竞争。降低产品跨区域流动成本，建立国内统一的大市场格局，扩大市场规模效应，提升行业内、区域内企业竞争程度，激励企业不断开发新技术、推出新产品，加快产品质量提升和技术换代升级。推动产业投资进入端改革，激励新的高效率企业进入以替代在位的低效率企业，释放熊彼特主义的"破坏性创新"效应。第二，推动创新要素自由流动，提高高级要素培育供给能力，扩大要素公平竞争。推进劳动力跨区域、跨国界有序流动，适度放松对海外技术、管理、服务人才等高级人力资本向本国移民的限制。实施阶梯递进的知识产权保护政策，激活技术专利供给市场。第三，进一步放松管制并激励具有国际前沿技术水平的外资、外企进入国内市场，在吸收国际前沿知识溢出效应的同时，更加侧重利用外企进入引致的竞争创新效应，建立逐步统一的内企、外企负面投资清单名录，激励国企、民企和外企在国内、国际市场上公平竞争。

第四章 国际准前沿条件下的市场竞争、知识产权保护及其创新互补性

第三章表明,当经济体从远离前沿进入准前沿阶段后,扩大市场竞争将激励企业创新,引致更快的技术进步。知识产权(IPR)保护是影响企业创新决策的另一重要环境变量。那么一个自然的问题理应得到关注:非前沿经济体随着技术差距动态变化,应如何调整 IPR 保护强度? IPR 保护与市场竞争在促进技术创新中的相互关系是冲突还是互补?本章继续在纳入技术差距的熊彼特主义增长框架内(离散形式)对该问题开展研究,并得出与既有文献不同的观点。

一、问题提出

关于非前沿经济体在不同技术差距条件下的知识产权保护与技术进步的关系,自 Grossman and Helpman(1991)以来的相关研究已经取得了较为丰富和深入的成果,但仍存在两个问题需要深入回答。

第一,非前沿经济体特别是远离前沿的经济体(南北贸易模型中的南方国家、技术扩散模型中的落后者)在其缩小技术差距的过程中,只要当技术差距大于某临界值的条件成立,政府是否应该有意维持较低甚至降低知识产权保护水平?

Helpman(1993)曾提出一个与该问题相似但并不相同的问题并进

行了回答：谁将从南方国家加强知识产权保护中获益？根据我的分析，那绝不是南方国家。Helpman 基于国际知识溢出效应提出的该判断，对远离前沿国家的知识产权保护政策制定产生了巨大影响。另外，Chen and Puttitanun(2005)、易先忠(2010)使用不同分析方法得出了最优知识产权保护应是"U"形的观点，即只有当南方国家技术差距缩小到某门槛值后，强化知识产权保护才能促进技术进步，否则反而不利于技术进步。也即，在技术差距较大时，即使技术差距在缩小，政府也应维持较低知识产权保护水平甚至应该降低知识产权保护水平，才能更快促进技术进步。

然而，上述理论判断与经验事实观察并不相符。根据 Ginarte and Park(1997)、Park(2008)的测算，绝大部分非前沿经济体的知识产权保护指数都存在上升趋势。如果 Chen and Puttitanun(2005)等的理论预期正确的话，那么在技术差距满足大于某值条件时，随着技术差距缩小，政府应该进一步降低 IPR 保护水平，这与现实观察不符。

第二，知识产权保护与市场竞争的相互关系是冲突关系还是互补关系？特别是这种交换关系本身是否会随着技术差距变动而存在动态变化？

该问题的不同回答，将对非前沿经济体的知识产权保护政策产生重要影响。Nordhaus(1969)以来的学者提出政府知识产权保护面临权衡(trade-off)，即对知识产权保护强度的选择需要在创新激励与竞争损害之间进行权衡。这意味着知识产权保护与市场竞争在促进创新中的关系可能是冲突的。如 Aghion et al.(2005)也认为，对于技术水平遥遥领先的企业或国家，应施行较弱的知识产权保护，机制在于技术水平领先意味着垄断势力强，加强知识产权保护将进一步赋予领先者更强的市场势力，损害竞争，从而不利于技术创新。而且，根据本书第三章的结论，当非前沿经济体处于国际准前沿阶段时，扩大市场竞争，将激励企业转向竞争导向型技术进步模式，引致更快的技术进步。如果加强知识产权保护与扩大市场竞争在共同促进创新中的相互关系是冲突的，无疑将对准前沿经济体的市场竞争与 IPR 保护间的政策协调提出挑战。对该问题的回答,既有重要理论含义,也将对政策实践产生影响。

二、分析框架:技术阶差、研发竞争与递进型 IPR 保护

基于知识产权保护政策可能人为强化企业垄断势力进而损害竞争和创新,Aghion et al. (2005)、Boldrin and Levine(2008)等认为,对于产业内处于技术前沿的企业,因其本身具有较大市场势力,应适度放松知识产权保护,以促进技术溢出与扩散。本部分基于 Aghion et al. (2005)提出的阶梯创新框架,吸收 Acemoglu and Akcigit(2012)提出的涓滴效应观点,构建一个离散技术阶差形式的熊彼特主义增长模型,得出施行递进型的 IPR 保护政策(对技术越领先的企业进行越严格的 IPR 保护)相比平齐型,具有更大的创新激励。

(一)离散技术阶差形式的熊彼特主义环境

考虑一个连续时间经济体,具有唯一的最终品部门和多个中间品部门。人口由 1 个连续统的无差异居户构成,居户在每单位时间无弹性供给 1 个劳动。不失一般性,代表性居户的瞬时效用函数采用对数形式: $U[C(t)] = \ln C(t)$。其在 t 时的期望效用为

$$E_t = \int_t^\infty \ln C(t) e^{-\rho(s-t)} \mathrm{d}s \tag{4.1}$$

其中,ρ 为居户的时间偏好。为简化分析,假定最终品全部用于消费,有 $C(t) = Y(t)$,根据居户的欧拉方程,容易得到

$$g(t) = \frac{\dot{C}(t)}{C(t)} = \frac{\dot{Y}(t)}{Y(t)} = r(t) - \rho \tag{4.2}$$

最终品生产以 1 个连续统中间品为投入,并采用 C-D 生产技术:

$$\ln Y(t) = \int_0^1 \ln y(j,t) \mathrm{d}j \tag{4.3}$$

其中,$y(j,t)$ 表示第 j 种中间品在 t 时的投入量,模型以最终品价格为计价物,第 j 种中间品在 t 时的价格为 $p(j,t)$,则根据最终品生产函数,得到中间品条件要素需求函数:

$$y(j,t) = \frac{Y(t)}{p(j,t)}, \forall j \in [0,1] \tag{4.4}$$

假定每个中间品行业均由两家寡头企业 $i = 1, 2$ 组成,且彼此施行伯特兰德竞争,企业产品完全替代,区别仅在与生产技术水平不同:

$$y(j, t) = A_i(j, t) l_i(j, t) \tag{4.5}$$

其中,$A_i(j, t)$、$l_i(j, t)$ 分别表示行业 j 中企业 i 在 t 时的技术水平和劳动力投入量,假定经济中 t 时的工资率为 $w(t)$,则企业 i 的边际生产成本为 $c_i(j, t) = w(t)/A_i(j, t)$。

不失一般性,假定行业 j 中前沿企业的技术水平 $A_i(j, t) = \gamma^{k_i(j, t)}$,相应落后企业的技术水平为 $A_{-i}(j, t) = \gamma^{k_{-i}(j, t)}$,其中 $k_i(j, t)$、$k_{-i}(j, t)$ 分别表示企业的技术阶梯,则前沿企业与落后企业的技术阶差为

$$\Delta k - 7k(j, t) = k_i(j, t) - h_{-i}(j, t) \tag{4.6}$$

(二)创新动机与 IPR 保护变量的纳入

伯特兰德竞争环境下,前沿企业将制定伯特兰德价格以占取整个市场:

$$p_i(j, t) = w(t)/A_{-i}(j, t) \tag{4.7}$$

相应的伯特兰德利润为

$$
\begin{aligned}
\Pi_i(j, t) &= [p_i(j, t) - c_i(j, t)] \cdot y(j, t) \\
&= \left[\frac{w(t)}{A_{-i}(j, t)} - \frac{w(t)}{A_i(j, t)} \right] \cdot \frac{Y(t) \cdot A_{-i}(j, t)}{w(t)} \\
&= [1 - \gamma^{-\Delta k(j, t)}] \cdot Y(t) \tag{4.8}
\end{aligned}
$$

(4.8)式蕴含的经济学含义非常明确,企业的相对技术优势即技术阶差越大,相应的伯特兰德利润越大,企业具有充分研发竞争动机。

为简化分析,假定任何行业 j 中的最大技术阶差在任意 t 时不超过 2,即 $\Delta k = \{0, 1, 2\}$,则相应技术阶差上的企业利润分别为 $\{\pi_2, \pi_1, \pi_0, \pi_{-1}, \pi_{-2}\}$。

企业为扩大其技术阶差,需要实施技术创新,假设技术创新到达率 μ_i 与研发支出 Φ 为线性关系,即 $\Phi(\mu_i) = \varphi\mu_i$,企业一旦研发成功,技术水平将上升 1 个阶梯,对于已经领先 2 阶技术水平的企业,由于最大技术阶差设定,该企业将不再实施研发。

企业知识产权在任意时刻 t 遭受窃取或者失效的风险以泊松概率 $\varepsilon_{\Delta k}$ 表示,显然当 $\varepsilon_{\Delta k} = 0$,表示对领先 Δk 阶企业的技术执行永久的知识

产权保护。相反,如果 $\varepsilon_{\Delta k} \to \infty$,则表示企业技术阶差一旦到达 Δk 便立即失去知识产权保护,此时,先前的落后企业无论处于何种技术阶梯,行业内企业技术水平相同,$\Delta k = 0$,技术阶差消失。

(三)递进型 IPR 保护与动态示范效应

根据上述研发竞争机制与技术阶差动态,模型的局部马尔可夫均衡可由递归形式的价值方程组给出:

$$\rho V_2 = \pi_2 + \mu_{-2}(V_1 - V_2) + \varepsilon_2(V_0 - V_2) \tag{4.9}$$

$$\rho V_1 = \max_{\mu_1 \geq 0}\{\pi_1 - \varphi\mu_1 + \mu_1(V_2 - V_1) + (\mu_{-1} + \varepsilon_1)(V_0 - V_1)\} \tag{4.10}$$

$$\rho V_0 = \max_{\mu_0 \geq 0}\{\pi_0 - \varphi\mu_0 + \mu_0(V_1 - V_0) + \widetilde{\mu_0}(V_{-1} - V_0)\} \tag{4.11}$$

$$\rho V_{-1} = \max_{\mu_{-1} \geq 0}\{\pi_{-1} - \varphi\mu_{-1} + \mu_1(V_{-2} - V_{-1}) + (\mu_{-1} + \varepsilon_1)(V_0 - V_1)\} \tag{4.12}$$

$$\rho V_{-2} = \max_{\mu_{-1} \geq 0}\{\pi_{-2} - \varphi\mu_{-2} + \mu_{-2}(V_{-1} - V_{-2}) + \varepsilon_2(V_0 - V_{-2})\} \tag{4.13}$$

在(4.9)式、(4.13)式中缺少 μ_2 代数式,表明领先 2 阶的前沿企业不再继续实施研发行为,对此,Aghion et al.(2013)曾指出,过大的相对技术差距,对领先企业和落后企业的研发激励都是不利的。

1.平齐型知识产权保护政策

当政府实施平齐型知识产权保护政策,也即所有企业均面临统一的 IPR 保护强度,体现在递归方程组中,使 $\varepsilon_{\Delta k} \equiv \varepsilon < \infty$,解得企业最优研发决策:

$$\begin{cases} \mu_{-2}^* = \max\{-4\varepsilon + (\pi_2 - \pi_{-2})/\varphi - 4r, 0\} \\ \mu_{-1}^* = \max\{-3\varepsilon + (\pi_1 - \pi_{-2})/\varphi - 3r, 0\} \\ \mu_0^* = \max\{-2\varepsilon + (\pi_0 - \pi_{-2})/\varphi - 2r, 0\} \\ \mu_1^* = \max\{-\varepsilon + (\pi_{-1} - \pi_{-2})/\varphi - r, 0\} \end{cases} \tag{4.14}$$

2.递进型知识产权保护政策

当政府实施递进型知识产权保护政策,即依据企业所处技术阶梯,实施力度逐渐增大的知识产权保护政策,相对技术优势越大即技术阶差 Δk 越大的企业,越可以拥有更为严格的知识产权保护,根据递归方程

组,解得企业最优研发决策:

$$\begin{cases} \mu_{-2}^* = \max\{-4\varepsilon_2 + (\pi_2 - \pi_{-2})/\varphi - 4r, 0\} \\ \mu_{-1}^* = \max\{-\varepsilon_1 - 2\varepsilon_2 + (\pi_1 - \pi_{-2})/\varphi - 3r, 0\} \\ \mu_0^* = \max\{-2\varepsilon_2 + (\pi_0 - \pi_{-2})/\varphi - 2r, 0\} \\ \mu_1^* = \max\{\varepsilon_1 - 2\varepsilon_2 + (\pi_{-1} - \pi_{-2})/\varphi - r, 0\} \end{cases} \quad (4.15)$$

根据方程组(4.15)第四个式子,相比于领先 2 阶的前沿企业,如果给予只领先 1 阶的中等技术水平企业较弱的知识产权保护,即提高知识产权侵权的泊松到达率 ε_1,使 $\varepsilon_1 > \varepsilon_2$(注意若 ε 越小,知识产权保护程度就越高),那么领先 1 阶企业的研发支出反而会增加。由此给出**命题 4.1**:递进型知识产权保护政策存在动态示范效应,当给予越接近技术前沿企业越高的知识产权保护水平时,距离技术前沿较远的处于不同技术阶梯上的企业均有激励加大研发力度,推进技术进步,以获取更好的知识产权保护。

命题 4.1 的关键含义在于揭示出相对于平齐型知识产权保护政策,递进型知识产权保护政策具有动态效应,这与 Nordhaus(1969)、Aghion et al.(2005)、Boldrin and Levine(2008)等对知识产权保护政策的认识存在显著不同。传统上一般认为,相对技术优势较大的企业,具有较大市场势力,应对其给予较弱的知识产权保护,在促进技术扩散的同时稀释企业的市场势力,这仍可归结为 Nordhaus(1969)提出的知识产权保护的困境(trade-off):知识产权保护对企业具有创新激励,但同时人为扩大了企业的市场势力,导致不利于市场竞争和技术扩散的后果。但这在相当程度上是一种静态困境,当考虑知识产权保护政策的动态示范效应时,动态示范效应可能会超越静态抑制效应,从而总体上有利于行业技术进步。

三、知识产权保护与市场竞争:冲突还是互补关系

知识产权保护与市场竞争的关系长期面临争议,主流观点认为知识产权保护与市场竞争在推进技术创新这一共同目标时是有冲突的(Boldrin and Levine,2008;Lerner,2009)。本部分继续使用前文构建

的多部门熊彼特主义的创新框架,借鉴 Aghion et al. (2015)的方法,纳入市场竞争变量,对知识产权保护与市场竞争的关系进行进一步分析。

(一)引入竞争变量

本部分模型环境与上文基本相同。回忆(4.8)式,任一行业 j 内如执行严格的伯特兰德竞争,那么,

$$\pi_0 = \pi_{-1} = \pi_{-2} = 0,$$
$$\pi_1 = 1 - 1/\gamma,$$
$$\pi_2 = 1 - 1/\gamma^2。$$

现在我们假设,处于同等技术水平的寡头企业 1、2 具有合谋激励,合谋成功的概率为 $1-\delta$,则合谋成功后企业的利润为

$$\pi_0 = (1-\delta)\pi_1, \delta \in [1/2, 1]。$$

可见,δ 越大,合谋越难以达成,意味着市场竞争越激烈,企业利润越趋近于 0。这符合经济直觉,一般而言,处于高度竞争状态的行业,企业利润率一般较低。

知识产权保护程度仍以反向的知识产权遭受侵权的泊松概率 ε 表示,ε 越大,表示知识产权保护越弱。此处,设定落后企业自主研发成本与自主创新成功的关系为

$$\Phi(\mu_i) = \frac{1}{2}\mu_i^2 \tag{4.16}$$

因此,对于落后企业而言,付出 $\Phi(\mu_i)$ 的研发成本,可以得到大小为 $\mu_i + \varepsilon$ 的技术进步到达率。

(二)超越竞争效应下的 IPR 保护与市场竞争

为简化分析,进一步使任何行业 j 中的最大技术阶差在任意 t 时不超过 1,即 $\Delta k = \{0, 1\}$,因此,式(4.9)至(4.13)所显示的递归方程组调整为

$$\rho V_1 = \pi_1 + (\mu_{-1} + \varepsilon)(V_0 - V_1),$$
$$\rho V_0 = \max_{\mu_0 \geq 0}\left\{\pi_0 - \omega\frac{\mu_0^2}{2} + \mu_0(V_1 - V_0) + \widetilde{\mu_0}(V_{-1} - V_0)\right\},$$

$$\rho V_{-1} = \max_{\mu_{-1} \geqslant 0} \left\{ \pi_{-1} - \omega \frac{\mu_{-1}^2}{2} + (\mu_{-1} + \varepsilon)(V_0 - V_1) \right\}.$$

其中，ω 为相对于 Y 的相对工资率，将其标准化为 1，不难得到均衡增长路径上的企业研发支出 μ_0、μ_{-1}，并满足以下方程组：

$$\frac{\mu_0^2}{2} + (\rho + \varepsilon)\mu_0 - (\pi_1 - \pi_0) = 0 \tag{4.17}$$

$$\frac{\mu_{-1}^2}{2} + (\rho + \mu_0 + \varepsilon)\mu_{-1} - (\pi_0 - \pi_{-1}) - \frac{\mu_0^2}{2} = 0 \tag{4.18}$$

根据(4.18)式，容易得到：

$$\mu_0 = -(\rho + \varepsilon) + \sqrt{(\rho + \varepsilon)^2 + 2\delta\pi_1}$$

从而有：

$$\frac{\partial \mu_0}{\partial \delta} = \frac{\pi_1}{\sqrt{(\rho + \varepsilon)^2 + 2\delta\pi_1}} = \frac{\pi_1}{\mu_0 + \rho + \varepsilon} > 0 \tag{4.19}$$

$$\frac{\partial \mu_0}{\partial \delta \partial \varepsilon} = -\frac{\pi_1}{(\mu_0 + \rho + \varepsilon)^2} < 0 \tag{4.20}$$

综合(4.19)式和(4.20)式，对于处在技术阶差为零的行业，扩大竞争即 δ，企业将有激励加大研发力度，提升技术水平，以超越当前竞争状态，可称之为"超越竞争效应"，此时辅助以更强的知识产权保护政策 ε，企业预期研发成功后的高新技术将拥有更长时期的产权保护，从而可维持更长时期的垄断利润，企业创新激励进一步加大。上述机制可归结为**命题 4.2**：知识产权保护与市场竞争在一定条件下具有互补性质，当非前沿企业逐渐靠近技术前沿时，企业间技术差距缩小，扩大竞争引致的"超越竞争效应"，使企业有激励加大研发力度，加强知识产权保护将放大"超越竞争效应"，进一步激励企业进行技术创新。

需要指出的是，对于企业间技术阶差较大的行业而言，扩大竞争可能损害落后企业的创新动机，"超越竞争效应"仅存在于领先企业，因而对此类行业施加更强的知识产权保护，可能并不会出现命题 4.2 所言的互补性。对命题 4.2 成立的条件性以及检验，正是接下来实证研究的主要目的。

四、计量检验：基于中国的省际面板数据研究

（一）计量模型构建与变量设定

本章研究结论表明，市场竞争与 IPR 保护环境对企业研发行为构成压力和动力，并且在纳入企业技术差距异质性条件下，传统上 IPR 保护面临创新激励和竞争损害两面困境的静态观点将取得很大程度的改变。当对经济体内的行业或对行业内的企业，依据其与技术前沿的距离及技术差距实施强度逐渐增大的 IPR 保护政策（递进型 IPR 保护政策），由于示范效应的存在，不同技术阶梯上的企业均有激励加大研发力度，争取进入更高的技术阶梯以便获得更好的知识产权保护。此外，当非前沿经济体接近技术前沿时，增强 IPR 保护与扩大市场竞争将在激励企业技术创新的作用中转向互补关系。

可见，本章实证研究的关键是要找到 IPR 保护变量具有较大变异性的经济体样本，理想的 IPR 保护数据应当既在时间序列具有平稳变化趋势，又在横截面上具有差异。如果继续沿用跨国面板数据研究将会面临困难：Ginarte and Park(1997)、Park(2008) 提供的国别 IPR 数据即 G-P 指数[①]，在发展中经济体中存在不同程度的缺失，而发达经济体由于知识产权保护制度发展较为完善，G-P 指数特别是最近 10 余年来在时序上的统计变异性较小。

1. 计量模型构建

基于上述理解，本章将研究样本转向中国省（区、市）际面板，中国省（区、市）际数据可以提供较为理想的面板样本，原因在于：第一，中国省（区、市）际发展水平存在较大差异性，京津沪以及部分沿海省（区、市）以 PPP（购买力平价）指数测算的人均 GDP 水平已达到同期美国的 40%～70%，若人均 GDP 水平差距是技术差距的一个较好反映(Acemoglu et al.,2006)，那么可以认为中国部分省（区、市）已处于准技术前沿阶段，

---

　　①　G-P 指数为当前代理国别 IPR 保护的主流数据，类似的还有 R-R 指数(Rapp and Rozek, 1990)以及世界经济论坛在其年度《全球竞争力报告》中提供的国别 IPR 指数，但均面临与 G-P 指数同样的问题。

但中部以及西部部分省(区、市)的技术差距仍然较大。第二,由于中国各省(区、市)间法律体系的完备性特别是执行程度存在较大差异,使得虽然在顶层具有整齐一致的 IPR 保护政策,但各省(区、市)企业实际上会面临不同强度的 IPR 保护环境(韩玉雄,2005;刘小鲁,2011)。第三,由于市场分割的广泛存在,各省(区、市)间即使处于同一行业的企业,所面临的行业竞争环境也并不相同。中国各省(区、市)间的技术差距、IPR 保护以及市场竞争程度的异质性为本章经验研究提供了一个天然样本。

据此,本部分设定如下基本计量模型:

$$Growtech_{it} = \alpha_0 + \alpha_1 \, Ipr_{it} + \alpha_\gamma \, Gap_{it} + \beta' X + \varepsilon_{it} \qquad (4.21)$$

其中,下标 i 和 t 分别表示省(区、市)和年份,X 为影响区域技术进步的其他控制变量如hc_{it}、k_{it} 等,为观察技术差距条件对知识产权保护作用的调节效应,以及是否存在某种门槛特征(Chen and Puttitanum,2005),纳入其交互项,得到:

$$Growtech_{it} = \alpha_0 + \alpha_1 \, Ipr_{it} + \alpha_2 \, Gap_{it} + \alpha_3 \, Ipr_{it} \times Gap_{it} +$$
$$\beta' X + \alpha_i + \varepsilon_{it} \qquad (4.22)$$

2.变量设定及其测算方法

$Growtech_{it}$ 表示省(区、市)i 在 t 年度的技术进步率。目前文献关于国家、区域以及企业技术水平的代理指标并无定论,主要以劳动生产率或全要素生产率(TFP)代理,其中全要素生产率又存在经典的索洛余值法及新近的 OP、LP 和 ACF 等基于生产函数的衍生方法,以及不依赖生产函数具体形式设定的数据包络方法,不同测算方法得到的全要素生产率不仅存在较大差异,而且含义不尽相同。Acemoglu et al. (2006)就以劳动生产率代理企业技术水平。据此,本章以各省(区、市)劳动生产率增长率代理技术进步率,并以 OP 方法测量的省(区、市)全要素生产率作为稳健型检验。

Ipr_{it} 表示 i 省(区、市)在 t 年度修正的知识产权保护水平。借鉴韩玉雄(2005)、姚利民(2009)等的思路,各省(区、市)企业实际面临的知识产权保护环境,应由立法强度与执法强度共同决定,即

$$\text{Ipr}_{it} = P_t \times F_{it},$$

其中：P_t 表示各省（区、市）立法强度，以用 Park（2008）方法测算的中国总体知识产权保护立法强度统一代理；F_{it} 则表示各省执法强度，以律师占总人口比率和区域专利案件结案率标准化后的权重均值表示。结果显示各省（区、市）修正的 Ipr_{it} 存在较大差异，具体见统计特征。

Gap_{it} 表示 i 省（区、市）在 t 年度与国际前沿的技术差距。借鉴 Acemoglu et al.（2006）、张望（2014）等的做法，本部分以美国劳均 GDP 代表国际前沿技术水平，运用国内各省（区、市）劳均 GDP 与美国相应各年数据之比，表示技术差距，即

$$\text{Gap}_{it} = \text{PGDP}_{it} / \text{PGDP}_{\text{USAt}},$$

其中国内各省（区、市）GDP 数据均调整为基期年实际数据，然后利用 PWT8.1 提供的人民币相比美元的历年 PPP 指数，换算为当年美元计价的各省真实 GDP，进而得到国内各省（区、市）历年的技术差距。

为控制人均资本、人力资本、研发支出以及外部知识溢出等变量对省际技术水平的差异，模型纳入其他控制变量如下。

K_{it} 表示 i 省（区、市）在 t 年度的劳均资本密集度。依据新古典增长理论，对于未达到收敛的区域经济增长，劳均资本密集度是影响劳均产出率的主要因素。而按照物化性技术进步的观点，资本积累和技术进步是有机镶嵌为一体的，发展中经济体的机器设备等物质资本投入本身可能就是技术进步的重要体现途径（Greenwood, et al., 1997；黄先海、刘毅群，2006；杨先明、秦开强，2015）。基于永续盘存法思路，各省（区、市）各年总资本存量为

$$TK_{it} = (1-d)TK_{it-1} + \text{Invest}_{it}。$$

其中，Invest_{it} 表示 i 省（区、市）在 t 年新增固定资产投资，我们利用各省（区、市）固定资产投资指数将其折算为基期年实际固定资产投资，折旧率 d 取全样本统一值为 15%（刘焕鹏、严太华，2014）。基期年资本存量估算方法为 $TK_{i0} = \text{Invest}_{i0} / (d + g_i)$，$g_i$ 为 i 省（区、市）在样本期的实际固定资产投资平均增长率。求得各省（区、市）各年总资本存量后，比上各省（区、市）年度从业人数，进而得到劳均资本密集度。

　　Rd$_{it}$表示 i 省(区、市)在 t 年度的研发支出。根据 Romer(1990)以来的内生增长理论,研发在推动技术进步中具有直接作用。为控制价格因素,本书借鉴刘思明(2015)的做法,分别赋予各省(区、市)固定资产投资价格指数和居民消费价格指数 0.45 和 0.55 的权重,得到各省(区、市)研发支出价格指数,进而换算得到以基期年价格计算的各省(区、市)实际研发支出时间序列数据。

　　Hc$_{it}$表示 i 省(区、市)在 t 年度的人均人力资本。目前人力资本测算存在多种方法,如收入法(李海铮,2014)、教育指标法(杨建芳等,2006)、ROWA 方法(姚洋、崔静远,2015),其中基于教育指标法改进的平均受教育年限方法逐渐得到广泛应用。本书参考岳书敬(2008)采用的方法,将居民受教育层次划分为小学以下、小学、初中、高中、大专及以上等 5 个层次,各层次累计受教育年限设定为 0 年、6 年、9 年、12 年和 16 年,然后将各省(区、市)各教育层次人数与相应年限相乘并加总,得到省(区、市)级人力资本总量,最后比上劳均人数,得到Hc$_{it}$。

　　FDI$_{it}$表示 i 省(区、市)在 t 年度的外国直接投资。外国直接投资被广泛认为是携有一揽子先进生产要素的高技术投资,其技术溢出对输入地区的技术进步具有重要影响(Lai,1998;Helpman et al.,2003)。考虑到年度外国直接投资数据中包括用于投机性交易和债券投资等内容,本书用各个省(区、市)的外国直接投资实际利用额来衡量存在技术溢出效应的外国直接投资数额。作为稳健型检验,同时以外国直接投资占当地固定资产投资总额比例来观察不同强度外国投资的效应。

　　最后是Ex$_{it}$、Im$_{it}$,分别表示 i 省(区、市)在 t 年度的出口、进口贸易额。进、出口贸易同样被认为是国际技术溢出的重要途径(Helpman et al.,2004)。本书分别以各省(区、市)当年进、出口贸易额以及其占 GDP 比例,观察贸易的技术进步效应。

　　(二)数据来源、数据处理与统计特征

　　1.数据来源与样本期界定

　　根据模型各变量含义及其测算方法,宏观经济方面原始数据涉及中国各省(区、市)1998—2010 年国内生产总值(GDP)、总人口、从业人数,固定资产投资,外资实际利用额,进、出口贸易额,研发支出,GDP价格指数,固定资产投资价格指数,居民消费价格指数等序列数据,该系列数据取自国务院发展研究中心宏观经济数据库。美国人均GDP、以购买力平价(PPP)计量的人民币/美元汇率数据来自PWT(8.1)。计算执法强度所需的各省(区、市)律师人口来自《中国律师年鉴》,专利案件结案率等数据来自《中国知识产权年鉴》及历年《知识产权年报》。各省(区、市)各层次受教育人数原始数据源自《中国科技统计年鉴》。

研究样本期界定为1998年至2010年,原因在于:第一,1998年及其之前的年份,国务院发展研究中心宏观经济数据库中相当部分省(区、市)研发支出数据存在缺失。第二,中国知识产权法律执法状况如专利案件结案率以及律师人口相应数据统计较晚,相应《中国知识产权年鉴》在2001年才首次出版。第三,固定资产投资、从业人数等关键数据依赖于规模以上企业调查统计,国家统计局从2011年开始将规模以上统计口径由原来500万元调整为2000万元,为保持统计口径一致,特将样本截止时期界定为2010年。

2.数据处理

(1)名义变量处理

GDP、人均资本存量等以当年价格计量的名义数据均以相应价格指数平减为基期年价格计数的可比真实数据。其中,实际研发支出以各省(区、市)固定资产投资价格指数和居民消费价格指数权重化处理的研发支出价格指数进行平减后得到。

(2)缺失值处理

国务院发展研究中心宏观经济数据库中各省(区、市)从业人数在2006年均存在缺失,鉴于样本期较短,单年缺失仍损失较多信息。研究判断2006年该变量的缺失并非特意缺失,而是随机性缺失(missing at random),参考Wooldridge(2009)的建议,采用缺失值前后各两年数据的平均值进行平滑替代,其他存在数据随机缺失的变量以同样方法替代。

（3）平稳化处理

劳动生产率、劳均资本密集度、研发支出、FDI、进出口数据各省（区、市）间存在较大幅度波动，为平稳数据，各规模变量均进行自然对数化处理，对于FDI、进出口数据，还分别取其与固定资产投资总额以及GDP的比例值，以观察比例效应。

3.主要变量统计特征

中国各省级行政区间法律体系的完备性特别是执行程度存在较大的异质性，使得虽然在中央层面具有整齐一致的IPR保护政策，但各行政区企业实际上会面临不同强度的IPR保护环境（韩玉雄，2005；刘小鲁，2011）。图4.1绘制出中国各省（区、市）以TFP为代理变量的技术差距与IPR保护水平的动态趋势。从数据趋势可见：第一，中国各省（区、市）的技术差距在逐年缩小，截至样本期末，北京、天津、上海、江苏

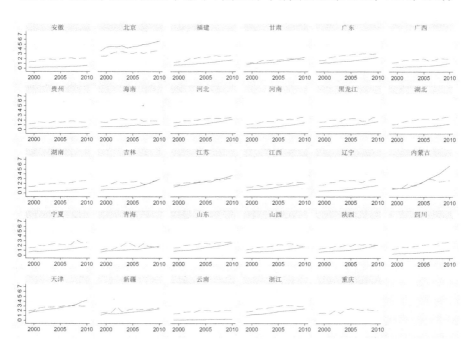

图 4.1　中国各省（区、市）IPR 保护水平与技术差距动态（1998—2010 年）

注：图中横轴为年份，虚线表示实际 IPR 保护水平，实线表示技术差距 GAP，处于 0～10 之间，越大表示越接近以美国为代表的国际技术前沿。由于数据原因，不包含西藏和上海。

等省(区、市)的 TFP 水平已超过美国的 1/2,处于准技术前沿阶段,并且根据平均增长速度顺推,预估未来 5 年将有一半省(区、市)进入准前沿阶段。第二,刘小鲁(2011)指出国内各省(区、市)对 IPR 实际执法水平的决定,实际上是依据省(区、市)内企业整体技术水平状态而做出的可激励区域技术进步与增长最大化的考量。

其他各主要变量的统计特征如表 4.1 所示。

表 4.1　主要变量的统计特征

变量		均值	标准差	最小值	最大值	样本量	
Growtech	overall	0.1209	0.0245	0.0540	0.2380	$N=$	330
	between		0.0124	0.1007	0.1670	$n=$	30
	within		0.0212	0.0505	0.1919	$T=$	11
K	overall	1.3725	0.8367	-0.6799	3.4363	$N=$	360
	between		0.5819	0.3760	2.9784	$n=$	30
	within		0.6097	-0.3008	2.8160	$T=$	12
Hc	overall	2.0958	0.1072	1.7934	2.4186	$N=$	360
	between		0.0974	1.9152	2.3640	$n=$	30
	within		0.0480	1.9546	2.1805	$T=$	12
Rd	overall	3.4980	1.4819	-0.2372	6.5343	$N=$	360
	between		1.3296	0.6012	5.7043	$n=$	30
	within		0.6946	1.3639	5.0949	$T=$	12
FDI	overall	4.5494	1.5362	0.6191	7.6526	$N=$	360
	between		1.3398	1.7329	6.8642	$n=$	30
	within		0.7874	1.9403	6.7136	$T=$	12
Ipr	overall	2.1739	0.5647	0.9620	3.6648	$N=$	360
	between		0.4119	1.5983	3.3283	$n=$	30
	within		0.3930	1.1054	3.1268	$T=$	12
Gap	overall	0.1222	0.0926	0.0305	0.5234	$N=$	360
	between		0.0923	0.0358	0.4734	$n=$	30
	within		0.0177	0.0282	0.2113	$T=$	12

注:表中变量除 Growtech、Ipr、Gap 外,其余变量为抑制异方差,均取自然对数。对数化后,组间(between)标准差仍比组内(within)标准差大 1 倍左右,预示组间异方差的存在。

表 4.1 的统计信息可以显示，即使是远离技术前沿的西部省（区、市），随着技术差距的缩小，可促进增长最大化的 IPR 保护水平并没有展现出先低后高的门槛型特征（Chen and Puttitanum，2005；代中强、张二震，2011），而是阶梯递进型特征。

（三）回归结果与计量分析

1. 递进型 IPR 政策的技术进步效应

根据表 4.1，模型（4.21）所使用的面板数据为 N 较大、T 较小的平衡短面板，并且各变量组间（between）标准差比组内（within）标准差大 1 倍左右，预示基于该面板数据回归可能面临的主要问题之一在于组间异方差。为此，表 4.2 各模型均施加异方差稳健的标准误。

表 4.2　递进型 IPR 保护效应的基本回归结果

变量	Growtech					
	POLS		FE		MLE	Sys-GMM
	（1）	（2）	（3）	（4）	（5）	（6）
Ipr	0.4234***	0.3682***	0.2560***			
	(6.10)	(4.81)	(3.91)			
Gap	−0.0942*	−0.1563***	−0.1148**			
	(−1.97)	(−3.35)	(−2.17)			
Ipr×Gap				0.1715***	0.0512*	0.0358**
				(3.31)	(1.75)	(2.38)
K	0.0039	−0.0179	−0.1164***	−0.1251**	−0.1682***	−0.1650**
	(0.14)	(−0.37)	(−2.58)	(−2.36)	(−5.45)	(−2.35)
Hc	0.2982	0.4529	0.4206*	0.4812*	0.3487*	0.5544**
	(1.03)	(1.66)	(1.81)	(1.92)	(1.80)	(2.25)
Rd		0.0305**	0.0347**	0.0369**	0.0360**	0.0327**
		(2.58)	(2.44)	(2.62)	(2.78)	(2.28)
FDI		0.0434**	0.0562***	0.0557**	0.0626***	0.0232**
		(2.64)	(3.56)	(2.68)	(4.55)	(2.10)
Ex		0.0633***	0.0518***	0.0396**	0.0467***	0.0622***
		(3.32)	(2.97)	(2.43)	(3.39)	(3.20)

续表

变量	Growtech					
	POLS		FE		MLE	Sys-GMM
	(1)	(2)	(3)	(4)	(5)	(6)
Im		0.0132	0.0172	0.0185	0.0190**	0.0232
		(0.96)	(1.33)	(1.50)	(2.03)	(1.35)
L. Growtech						0.1360**
						(2.18)
_cons	−3.2944***	−3.7918***	−3.7557***	−3.1987***	−3.1796***	−0.7677
	(−5.14)	(−6.71)	(−7.38)	(−5.33)	(−5.39)	(−0.77)
Robust	Yes	Yes	Yes	Yes	Yes	Yes
$p > \chi^2$			0.0000	0.0000	0.000	
A-B test						0.0595
R^2	0.1942	0.3753	0.5336	0.5611		
N	327	256	256	256	256	230

注:表中变量均取对数值,以平稳数据异方差。其中 K、Rd 采取增长率形式,以观察资本存量和研发支出增长率对技术进步率的垂直影响。$p > \chi^2$ 表示对 FE、MLE 对应的 Hausman 检验、LM 检验统计量的相应 p 值。A-B test 表示 Arellano and Bond(1991)提出的对 GMM 估计"扰动项自相关"以及"弱工具变量"的检验方法。括号中的数值为 t 值,* 表示 $p < 0.1$,** 表示 $p < 0.05$,*** 表示 $p < 0.01$。

作为一个参照,表 4.2 第(1)至(2)列首先以普通最小二乘法对数据进行混合回归。Wooldridge(2009)推荐,在大多数情况下使用"POLS+稳健标准误"方法比处理异方差问题的 FGLS 的结果更为可信。第(1)列回归结果显示,Ipr 的回归系数为正,且在 0.01 水平上高度显著。技术差距 Gap 在 0.1 显著性水平上显著为负。由于解释变量和被解释变量均为对数值,意味着 Ipr 每上升 1%、Gap 每上升 1%,将分别引致技术进步率提高 0.4% 和下降 0.1%。可见,从平均意义上而言,知识产权保护的加强,有助于在各个技术差距水平上的省(区、市)技术进步率的提高。同时,区域技术差距越小(Gap 值增大),技术进步率越慢,可见第三章模型和经验揭示的技术差距的追赶效应在中国情景下仍然成立。

当然模型(1)包含控制变量较少,R^2 仅为 0.1942,整体解释力较弱。

为此,模型(2)添加进更多控制变量。结果显示,Ipr 的激励效应有所稀释,这可能是因为 Ipr 的激励效应实际还通过诱致研发、FDI 等间接渠道发挥作用。技术差距追赶效应的方向和作用力未发生大幅变化。从其他控制变量来看,劳均资本密集度、人力资本水平的作用均不显著,虽然新古典增长理论认为劳均资本存量的增进对经济增长水平具有决定作用,但其对技术进步率的垂直作用并不明显,甚至会对技术进步率的提高起到逆向作用。

模型(3)为面板固定效应模型。实际上表 4.1 数据统计特征已经预示各省(区、市)存在个体效应。为检验个体异质性确实存在,本书进一步通过 LSDV 法考察,发现大多数省(区、市)的个体虚拟变量 p 值均显著为 0.000,可以判断个体效应回归结果优于混合回归。为进一步检验个体效应是以固定效应还是以随机效应形式存在,进行过度识别检验,Sargen-Hansen 统计量的 p 值均显著为 0,因此可以认为,固定效应模型结果相对更为可信。固定效应模型(3)的结果显示,Ipr 对技术进步的正向激励和技术差距的追赶效应仍然显著存在,同时 K、Hc 的估计系数通过 0.01 和 0.1 的显著性检验,固定效应模型的解释相对更为可信。

模型(4)至(5)转向观察知识产权保护与技术差距的交互作用。前者为固定效应模型结果,后者为随机效应的 MLE 模型。结果显示,无论是 FE 模型还是 MLE 模型,知识产权保护与技术差距的交互项 Ipr×Gap 系数均显著为正,意味着虽然技术差距减小具有负向的追赶效应[1],但其与知识产权保护的综合作用为正。计量结果意味着,平均意义而言,对于处在各技术差距水平的中国省级经济区,加强知识产权保护均能发挥正面激励作用。背后的经济学直觉可能正是前述理论部分提出的递进型知识产权保护政策存在的示范效应机制:从时间维度上看,当区域知识产权保护水平随着技术差距缩小逐渐阶梯型提升时,将

---

[1]　注意:Gap 越高,表示技术差距越小,越接近技术前沿,其蕴含的技术追赶效应是负向的;技术差距与知识产权保护的交互项为正,意味着随着技术差距缩小,知识产权保护对企业技术创新的正向激励作用可以覆盖技术差距缩小带来的负向追赶效应,最终表现为对技术进步率的正面效应。

对区域内企业形成加快创新、推进技术进步的激励,其会争取进入下一更高技术阶梯,以获得更高水平的知识产权保护。虽然技术差距缩小导致追赶效应减弱,但是递进型知识产权保护带来的示范效应可能覆盖趋弱的追赶效应,最终两者的交互作用在宏观上表现为对区域技术进步率的正面激励作用。

模型(6)为系统 GMM 方法的回归结果。影响区域技术进步率的经济社会变量非常复杂,模型(1)至(5)可能难以避免遗漏变量问题,对此,一个补救方案是在解释变量中增加技术进步率的滞后项。Nickell (1981)指出当解释变量包含被解释变量滞后项时,即使固定效应和随机效应的估计系数结果也会出现不一致的情况。另外,模型中研发支出等变量可能存在内生性问题。为减少被解释变量滞后项以及内生性问题,可以采用 Arellano and Bond(1991)、Blundell and Bond(1998)分别提出的差分广义矩以及系统广义矩方法。鉴于系统广义矩可以同时估计差分和水平方程,优先使用系统广义矩估计。表 4.2 第(6)列的检验结果显示,扰动项 ε_{it} 存在一阶序列相关而二阶序列不相关的情况。过度识别检验的 Sargan 统计量的相应 p 值为 0.0595,可以认为系统 GMM 不存在"弱工具变量"问题。

GMM 回归结果显示,技术进步率的一期滞后项对当期技术进步率确实具有显著的促进作用,这可能是因为技术进步中存在累积机制的反应。添加解释变量一期滞后项的另一个结果,是 Ipr×Gap 的估计系数相比 FE、MLE 模型结果有所减小,但仍然在 0.05 的显著性水平上显著为正。本书理论部分提出的阶梯递进型 IPR 保护政策存在动态性质的示范效应得到进一步验证:对处于由低到高技术阶梯序列上的地区或企业,施行由弱到强的阶梯递进型知识产权保护政策,相比于平齐型知识产权保护政策,可以获得一种额外的动态示范效应,使处于各级技术阶梯上的企业均有激励加大技术创新力度,进入下一更高技术阶梯,以获取下一阶梯上更强的知识产权保护,进而引致区域更快的技术进步。

2.门槛型("U"形)IPR 政策存在性的中国检验

Chen and Puttitanum(2005),易先忠(2008),代中强、张二震(2011)

等虽然也认为 IPR 保护对经济体技术进步的激励效应依赖于技术差距,但他们以及随后大量相关经验文献的观点是,当远离技术前沿时,增强 IPR 保护将起到负面作用,也即与国际前沿技术的距离大于某临界值时,政府有意维持趋弱的知识产权保护政策反而能激励更快的技术进步(易先忠,2008)。该类文献为验证门槛型("U"形)最优知识产权保护的存在,在经验研究上一般是采取在模型中控制知识产权保护同时增加产权保护与技术差距的交互项方法。本部分将继续使用中国省级面板数据,使用同样方法,验证基于技术差距的门槛型知识产权保护政策在中国情景下的存在性与合理性。

表 4.3 汇报了对门槛型 IPR 保护政策合理性检验的计量结果。遵循上述学者的思路,表中变量 Regap 表示逆向的技术差距,即该值越大,表示与国际技术前沿的距离越远。经 Hausman 检验,Sargan-Hansen 统计量对应的 p 值为 0.0000,检验支持面板固定效应回归结果(FE)。FE 结果显示,Ipr×Regap 的估计系数显著为负,似乎 Chen and Puttitanum(2005),代中强、张二震(2011)等学者认为最优知识产权保护政策存在基于技术差距临界值效应的观点确实存在。

表 4.3 门槛型 IPR 保护政策合理性的检验

变量	Growtech				
	POLS	FE	RE	MLE	Sys-GMM
Ipr	0.0328***	0.0176**	0.0266***	0.0245***	0.0335*
	(4.24)	(2.10)	(4.05)	(4.41)	(1.82)
Ipr×Regap	−0.0019***	−0.0014**	−0.0016***	−0.0016***	−0.0033***
	(−2.79)	(−2.40)	(−3.09)	(−3.75)	(−2.68)
K	−0.0310***	0.0512**	−0.0327***	−0.0319***	−0.0370**
	(−3.17)	(2.69)	(−4.09)	(−4.64)	(−2.01)
H	0.0159	0.0633**	0.0563**	0.0585*	0.0138
	(0.63)	(2.70)	(2.19)	(1.94)	(0.22)
Rd	−0.0054	−0.0205**	−0.0103**	−0.0121***	−0.0299***
	(−1.47)	(−2.49)	(−2.23)	(−3.31)	(−3.65)

续表

变量	Growtech				
	POLS	FE	RE	MLE	Sys-GMM
FDI	0.0053**	0.0086**	0.0079***	0.0087***	0.0064
	(2.35)	(2.64)	(2.74)	(4.02)	(1.51)
Ex	−0.0024	0.0169***	0.0046	0.0068*	0.0179***
	(−0.68)	(3.92)	(1.57)	(1.86)	(3.03)
Im	−0.0016	−0.0009	−0.0032	−0.0028	−0.0076
	(−0.34)	(−0.20)	(−0.80)	(−0.84)	(−0.94)
L. growtech					0.3727***
					(3.65)
_cons	0.1050*	−0.1202**	0.0125	0.0029	0.1226
	(1.81)	(−2.55)	(0.24)	(0.05)	(1.06)
p		0.0000	0.0000	0.0000	0.0710
A-B test					0.0217
R^2	0.3159	0.4764	0.3916		
N	330	330	330	330	300

注:与表 4.2 不同的是,本表技术差距为逆向方式的技术差距,具体 Regap=1/Gap,该数值越大意味着越远离技术前沿。括号内为 t 值,* 表示 $p<0.1$,** 表示 $p<0.05$,*** 表示 $p<0.01$。

然而,当我们核算该临界值时,发现可导致知识产权保护政策发挥负面激励作用的技术差距门槛值约为 12.57,意味着只有当某省(区、市)技术水平(以劳动生产率代理)仅为美国的 1/13 甚至更落后时,增强知识产权保护的技术进步效应才扭转为负。根据表 4.1 反映的数据统计特征,实际上中国 85% 以上的省(区、市)均已超过这一临界水平,这表明,对中国绝大部分省(区、市)而言,依据技术差距从大到小,施行从弱到强的阶梯递进型知识产权政策将对技术进步发挥正面激励作用。

总的来看,递进型 IPR 保护政策并没有完全否定门槛型 IPR 保护政策,实际上是对其的一种拓展。后者强调知识产权保护对经济增长或技术进步的效应存在依据技术差距的门槛值,当技术差距小于门槛值时,增强知识产权保护才能发挥正面效应。递进型 IPR 保护与门槛型 IPR 保护在技术差距较小阶段的 IPR 认识是一致的,区别在于技术差距较大阶段。基于中国情景的检验则揭示,实际上只有经济体与技术前沿的距离极大时,增强的知识产权保护才可能存在负面作用。因此一个合理的 IPR 保护制度变迁过程是:当经济体技术水平极端落后时,应按门槛型 IPR 保护的认知,维持较弱的知识产权保护,而在从远离前沿到准前沿再到前沿的大部分阶段,则执行依据技术差距缩小而阶梯递进的 IPR 保护。

3. 技术差距条件下知识产权保护与市场竞争的交互关系及其变化

本章的另一个重要命题是知识产权保护与市场竞争在激励企业研发创新行为以及技术进步中的关系,特别是这种关系在技术差距条件下的动态变化。当前代表性观点如 Aghion et al.（2005）、Boldrin and Levine(2008)认为,对于技术差距较小的领先企业或行业,扩大市场竞争将产生"超越竞争效应",激励企业加大创新力度,但加强知识产权保护赋予领先企业市场势力,损害竞争从而抑制创新。总之,当前主流观点认为,知识产权保护与市场竞争为相互冲突关系。

然而,本章理论部分的数理机制表明,若对区域内或行业内的企业依据技术差距施行从弱到强的阶梯递进型知识产权保护政策,将激励各级技术阶梯上的企业加大研发力度,以进入更高技术阶梯从而获得更强的知识产权保护,对于接近技术前沿的企业,由递进型知识产权保护政策引致的竞争扩大,由于"超越竞争效应"机制,将进一步激励企业加大研发创新力度。因此,在准技术前沿条件下,递进型知识产权保护蕴含的"示范效应"机制与市场竞争蕴含的"超越竞争效应"机制将在激励企业创新和技术进步中发挥协同互补作用。

为验证知识产权保护与市场竞争在协同促进创新的关系特别是这种关系在技术差距条件下的变化,本部分在计量模型(4.21)中纳入知识产权保护与市场竞争的交互项。为观察在不同技术阶段下两者交互关系的可能变化,参考世界银行收入维度的国际收入差距划分方法,我们将全国样本依据技术差距划分为远离前沿和准前沿样本;参考

Acemoglu et al.(2006),以国内各省(区、市)全要素生产率与美国之比作为代理变量的技术差距——Gap 数值。如果该值小于 0.2,则可划分为远离技术前沿组;Gap 大于 0.2 而小于 0.8 则可称为处于准技术前沿组;大于 0.8 则划分为技术前沿组。[①] 关于市场竞争指标——Comp,我们引用《市场化指数:各地区相对进程 2011 年报告》数据,其中 2010 年数据进行趋势顺推而得。

表 4.4 汇报出回归结果。作为一种稳健性检验,模型因变量采用全要素生产率增长率作为技术进步率的代理指标,并分别用固定效应和系统广义矩方法估计作为稳健型参照。回归结果显示,无论 FE 模型还是 GMM 模型,市场竞争变量在远离技术前沿样本中对技术进步率的影响虽然为正但均不显著,在准技术前沿样本中均能通过 1% 的显著性检验。同样,知识产权保护与市场竞争的交互项在远离技术前沿样本中对区域技术进步率的作用并不显著,但在准技术前沿样本中均能通过 0.05% 的显著性检验。本章理论命题 2 得到证明,即在准技术前沿条件下,递进型知识产权保护蕴含的"示范效应"机制与市场竞争蕴含的"超越竞争效应"机制将在激励企业创新和技术进步中发挥协同互补作用。

表 4.4 技术差距条件下的知识产权保护与市场竞争的关系检验

变量	Growtfp			
	远离技术前沿样本		准技术前沿样本	
	FE	Sys-GMM	FE	Sys-GMM
L. Growtfp	−0.3279***	−0.2440***	−0.1795*	−0.1786***
	(−5.48)	(−2.73)	(−1.95)	(−2.71)
Comp	0.1132	0.1428	0.0474*	0.1438*
	(0.84)	(0.66)	(1.98)	(1.87)

---

① 根据世界银行 2013 年的划分标准,人均国民收入达到 4085 美元可界定为中等偏上收入国家,而高收入 OECD 经济体国家的人均国民收入达到 4.3 万美元(刘培林,2014),前者约为后者的 1/10,考虑到有些中等偏上收入国家在技术上仍然落后,因此,我们将劳动生产率达到美国的 1/5 作为判断进入准技术前沿的临界水平。然而在 1998—2010 年样本期内,国内各省(区、市)超过这一水平的样本极少,因此,具体回归中,我们仍然取劳动生产率达到同期美国的 1/10 及以上时为准前沿阶段。

续表

变量	Growtfp			
	远离技术前沿样本		准技术前沿样本	
	FE	Sys-GMM	FE	Sys-GMM
Ipr×Comp	0.5364	0.7599	0.7454**	0.8536**
	(0.94)	(1.03)	(2.45)	(1.97)
K	0.0499*	0.2045	−0.2007*	−0.0313*
	(1.76)	(0.53)	(−1.79)	(−1.94)
Hc	−0.2833*	−0.1704*	0.0966*	0.0532*
	(−1.89)	(−1.27)	(1.85)	(1.99)
Rd	0.0540*	0.0604**	0.1008**	0.0751**
	(1.76)	(1.81)	(2.23)	(2.19)
_cons	4.9906	3.5269	3.0932	−0.9735
	(1.27)	(0.96)	(0.83)	(−0.28)
Robust	Yes	Yes	Yes	Yes
$p > \chi^2$	0.0000	0.0413	0.0000	0.0835
R^2	0.4369		0.2276	
N	96	96	146	146

注：括号内为 t 值。* 表示 $p < 0.1$，** 表示 $p < 0.05$，*** 表示 $p < 0.01$。

　　值得指出的是，对于远离技术前沿的企业，知识产权保护与市场竞争在促进技术进步的关系上并没有在准技术前沿情景下明确。根据第三章的结论，远离技术前沿条件下，技术差距本身蕴含的模仿追赶效应对推进企业技术进步具有主导作用，加强知识产权保护可能抑制知识溢出从而不利于技术进步。即使实施阶梯递进型知识产权保护可以诱致市场竞争，但扩大竞争在远离技术前沿条件下推动技术进步的作用并不明显，导致知识产权保护与市场竞争的交互作用在远离技术前沿条件下推动技术进步的作用并不明确甚至是反向的。①

----

　　① 第三章的理论和经验研究表明，在远离技术前沿条件下，扩大市场竞争可能带来追赶效应的损失，从而不利于技术进步率。本书第六章的研究则表明，过大的市场竞争将导致企业产生"逃避竞争"行为，进一步损害企业创新。

五、研究小结与政策含义

(一)研究小结

本章在前文基础上,继续以纳入技术差距(离散形式)的熊彼特主义增长模型,对非前沿经济体在不同技术阶梯上的知识产权保护效应以及知识产权保护与市场竞争的相关关系进行深入研究。我们吸收借鉴早期发展经济学理论提出的涓滴效应思想,认为如果依据技术阶梯实施逐渐增强的知识产权保护,将产生一种类同涓滴效应性质的动态示范效应,对长期以来知识产权保护与市场竞争存在静态的"诺德豪斯困境"形成新的认识。

1. 理论层面

第一,递进型知识产权保护存在动态示范效应,当依据技术阶梯给予越接近技术前沿的企业越高的知识产权保护水平时,距离技术前沿较远的处于不同技术阶梯上的企业均有激励加大研发力度,推进技术阶梯提升,以获取更好的知识产权保护。递进型知识产权保护存在的动态示范效应,与 Nordhaus(1969)、Aghion et al. (2005)、Boldrin and Levine (2008)等的经典研究对知识产权保护政策面临静态的"诺德豪斯困境"认识存在显著不同。

第二,知识产权保护与市场竞争在一定条件下具有互补性质,对于行业内企业的技术水平均处于接近前沿的行业,扩大竞争引致的"超越竞争效应"使企业有激励加大研发力度,加强知识产权保护将放大"超越竞争效应",进一步激励企业进行技术创新,两者对激励技术进步作用的关系将为互补关系。

2. 实证层面

当我们以与 Chen and Puttitanum(2005),代中强、张二震(2011)同样的方法,检验知识产权保护的门槛效应在中国情景下是否存在时,发现门槛效应确实存在,但是只有极为远离技术前沿时,增强知识产权保护的效应才转变为不利影响。这意味着,递进型知识产权保护并没有完全否定门槛型知识产权保护,在经济体技术水平极为落后时,门槛型知识产权保护仍然是有利的,而在从远离前沿到准前沿以及到前沿的大部分过程中,递进型知识产权保护则是占优的。

(二)政策含义:平齐型、门槛型抑或递进型知识产权保护政策

1.平齐型知识产权保护政策的广泛争议

平齐型知识产权保护政策目前无论在国际层面还是一国内部等层面均受到广泛争议。从发展中经济体来看,由发达国家主导的《与贸易有关的知识产权协议》(TRIPS),大幅提高了国际平均知识产权保护水平,然而其所确定的最低保护标准,并没有考虑发展中经济体与国际技术前沿经济体之间巨大的技术差距异质性因素,实际上超越了大多数远离前沿经济体的技术创新实际情景,其对非前沿经济体总体上的技术进步促进效应是值得商榷的。而在国内层面,即使在发达国家,国内各产业间的技术水平也不一致,"一刀切"的知识产权保护制度很难避免"诺德豪斯困境"。近年来,美国国内展开的知识产权改革的争论,正是认为"一刀切"的IPR保护制度忽略了不同产业创新的异质性,导致一些产业IPR保护过强,而另一些产业IPR保护不足。

2.门槛型("U"形)知识产权保护政策与现实的脱节

非前沿经济体应依据其技术差距或发展水平,施行一种门槛型知识产权保护的观点,由Chen and Puttitanum(2005)较早提出,随后易先忠(2008),代中强、张二震(2011)等利用国际或中国省级数据验证了"门槛效应"的存在。然而,该观点在政策实践上存在一个模糊之处,即只要非前沿经济体的技术差距大于某门槛值的条件满足,即使技术差距在缩小,该经济体是否也应有意维持较弱的IPR保护甚至是随着技术水平提升反而施行更加趋弱的IPR保护呢?根据Park(2008)的测算,门槛型知识产权保护在国际经验中并不存在,随着发展水平提升,几乎所有的经济体都在逐渐提高其IPR保护水平,这使得门槛型知识产权保护政策与现实存在较大程度的脱节。

3.递进型知识产权保护政策的有效区间

递进型知识产权保护政策并没有完全否定门槛型知识产权保护的适用性,在门槛型知识产权保护体系下,当技术差距小于门槛值后,也施

行逐渐增强的知识产权保护,这与递进型政策是一致的。两者区别在于技术差距门槛值前的政策实践。基于中国省级面板数据研究的实证结果表明,只有当经济体的技术极为落后①时,增强知识产权保护的技术进步效应才为负面。换言之,对世界大部分非前沿经济体或经济体在技术差距收敛过程中的大部分区间来说,实施递进型知识产权保护政策均是占优的。因此,对大多数非前沿经济体来说:第一,应依据其技术阶梯提升趋势,动态调整知识产权保护政策;第二,在国内各行业层面,应依据各行业与国际技术前沿的距离以及知识产权保护的依赖性,实施阶梯递进、行业有别的知识产权保护政策。

---

① 劳动生产率仅约为美国的 1/13 或更低。

第五章　国际准前沿条件下的外资进入、市场竞争与技术溢出

　　本章实际上是第三章模型在允许要素跨国流动条件下的一个自然延伸。携有国际前沿技术的外资企业进入本国市场，必然对本国技术进步同时产生溢出效应（对本国企业而言为追赶效应）和竞争效应。然而，当前文献未能在一个框架内同时对溢出效应和竞争效应特别是两种效应在技术差距条件下的动态变化进行深入分析，而在经验研究中又未能将两种效应进行相对较好的分离。

　　一、问题提出：准前沿条件下外资溢出效应的衰弱和竞争效应的崛起

　　关于外国直接投资对本国技术进步及增长效应的研究，最早可追溯到 MacDougall 在 1960 年的一篇关于外国投资企业对澳大利亚产出水平及福利的影响的开创性文献。受分析技术的限制，MacDougall 重点分析的是外国投资企业对东道国产出和福利效应的静态影响。随着 20世纪 80 年代采用博弈论为工具的产业组织理论的兴起，以及 90 年代初期在 Romer、Aghion、Howitt、Grossman、Helpman 等人推动下内生经济增长理论的崛起，关于跨国直接投资对东道国创新及增长的长期效应研究开始形成三个主流分析框架，分别为 Walz(1997)建立的纳入 FDI技术溢出的南北贸易模型、Borensztein et al. (1998)建立的纳入 FDI 技

术溢出的产品种类增加型增长模型和 Aghion et al.（2005）建立的纳入 FDI 进入竞争的熊彼特主义增长模型。

FDI 效应分析的三种主流框架中，前两者虽然形式不同，但对 FDI 效应研究的角度是相同的，即均是从外部性或溢出的视角出发，认为外资企业带来的新产品和新技术扩大了本国吸收知识溢出的范围（模型中表现为中间品 N 的扩大），进而有助于推动本国技术进步。虽然其也从微观层面探讨 FDI 知识溢出对企业成功到达率的影响，但我们始终无法观察，FDI 进入本国市场后，由于产业组织结构及市场竞争势力的改变，在位企业的研发创新行为的反应。虽然以往不同学者将 FDI 的效应划分为不同类别，如 Caves（1974）将 FDI 对东道国的效应划分为资源配置效应、竞争效应和知识溢出效应，Findlay（1978）认为 FDI 效应主要是传染效应（contagion effect）以及后来提出的前后联系效应（linked effect），但从实质上来说，FDI 进入本国市场最关键的表现为溢出效应和竞争效应。显然，Walz（1997）和 Borensztein et al.（1998）的框架均没有表示竞争效应，而 Aghion et al.（2006）虽然在熊彼特主义增长框架内纳入竞争效应，但又忽略了溢出效应。

在理论框架之外，FDI 效应的经验研究文献发现，溢出效应和竞争效应动态变化，均与东道国与国际前沿的技术差距密切相关。虽然近期一类文献将溢出效应与东道国吸收能力相联系，但影响吸收能力的关键因素，仍然是本国人力资本质量或技术层次与国际先进水平的差距。在溢出效应方面，Cohen et al.（1989）、Glass and Saggi（1998）认为技术差距过大条件下的溢出效应并不显著，相应地，当技术差距过小时，溢出效应也将走弱。在竞争效应方面，Aghion et al.（2005）基于英国的经验研究发现，当内外资企业技术差距过大时，外资企业进入引致的竞争效应对本国企业技术进步呈现负面影响，而对于技术差距较小的行业而言，外资进入引致的竞争效应将对技术创新发挥正面作用。

基于中国 1998—2007 年年度工业企业面板数据的回归结果显示，外资进入的竞争效应和溢出效应均随着技术差距变量的变动呈现"U"形形态，这与当前主流文献的观点一致。但是我们发现，与竞争效应相比,溢出效应存在两个不同特性:其一,在技术差距过小或国内企业反超外资企业技术水平时,溢出效应将再次逆转为负,这意味着,在非前沿经济体"远离技术前沿—准前沿—前沿"的整个技术差距收敛过程中,溢出效应更可能体现为"∽"形形态,既有文献之所以大部分得出"U"形形态,可能是因为研究样本国家技术水平并未达到第二个门槛值,而中国部分优势产业和新兴产业已处于世界前沿甚至领先水平,提供了一个自然的研究样本。其二,溢出效应虽然对内资企业以全要素生产率表示的技术水平增长具有正面作用,但对以新产品产值增长率表示的产业创新升级的影响并不明显甚至为负,而在准前沿技术条件下,外资进入引致的竞争效应对内资企业产品创新升级具有显著作用。

在政策实践层面,基于对中国二位码行业与国际技术前沿差距变化动态的量化分析,本书认为中国大多数行业虽然仍存在一定技术差距,但已跨过发挥正向竞争效应的技术门槛(图 5.1)。基于此,我们提出中

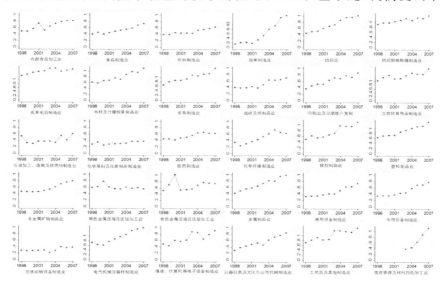

图 5.1　中国制造业与国际前沿的技术差距动态(1998—2007 年)

注:图中横轴为年份,纵轴为各行业的内资企业平均生产率与相应的外资企业平均生产率的比值。生产率以人均增加值计算的劳动生产率代理,本书同时以全要素生产率计算,结果与上图趋势基本一致,行业计算到二位码层面。数据源自中国工业企业数据库(1998—2007 年)。

国 FDI 政策的优化方向,即应尽快由"以市场换技术"为特征的技术(溢出)引进型外资政策转向"以竞争促创新"为特征的竞争引进型外资政策,为中国新一轮深度融入全球化和自由贸易区战略提供了理论和政策基础。

本章后续内容结构安排如下:首先量化并绘制出中国制造业与国外前沿技术差距的动态图示,以直观反映中国本地产业赶超国际技术前沿水平的趋势以及当前阶段;接着转入对相关理论与经验研究文献的回顾并进行简要评述;再通过构建一个纳入溢出效应的熊彼特主义增长框架,剖析 FDI 进入的竞争效应和溢出效应在技术差距条件下的动态变化;然后基于 1998—2007 年中国工业企业数据库,对理论模型进行计量验证并进行扩展分析;最后给出总结并提出相应的政策建议。

二、外资进入效应的分析范式:理论局限与实证困难

被认为携有先进知识以及资本的外资企业进入本国市场,必然同时产生溢出效应和市场竞争效应。然而,当前在理论方面从技术差距视角对外资溢出效应和竞争效应于同一框架内进行一致分析的文献还比较少,而在经验研究方面,准确分离观察溢出效应和动态效应的动态变化同样比较欠缺。

(一)理论局限:竞争效应与溢出效应未能整合分析

自 MacDougall(1960)以来的早期文献受分析框架的局限,未能严格地规范分析外资企业进入对非前沿经济体的市场竞争、研发创新以及长期经济增长影响的多维效应,直到 Romer(1990、1991)、Aghion and Howitt(1992)、Grossman and Helpman(1991a、1991b、1991c)等开创新增长理论,外资进入本国的技术进步效应研究开始进入新一轮研究热潮,并逐步建立起三个标准分析框架。

1. 纳入外资溢出效应的产品质量升级型(垂直创新)增长模型

Walz(1997)指出 Grossman and Helpman(1991b)、Rivera-Batiz and Romer(1991)等构建的内生经济增长模型中南北技术溢出均是贸易机制型的,忽视了广泛存在的 FDI 机制的技术溢出,并最早构建出可显示

FDI 溢出效应的增长模型。Walz 假定南北经济存在两个部门（Z、Y），其中现代部门 Y 生产一连续统的质量阶梯差异产品，有

$$\ln C_Y^i = \int_0^1 \ln \Big[\sum_s q^i(s,j) c_y^i(s,j) \Big] \mathrm{d}_j 。$$

其中，行业 j 内部为伯特兰德价格竞争，单位弹性需求使每个行业实际上只有最高质量的生产者进行垄断生产，伯特兰德利润使企业具有提高质量阶梯的研发创新动机。同时，Y 部门的生产函数仅需要两种生产要素中不可跨国流动的非熟练劳动力，南北非熟练劳动力工资率差异为北方企业在北方研发并在南方进行生产的分离提供了条件。Walz(1997)与 Grossman and Helpman(1991b)假定的一个关键不同是，FDI 是北方技术溢出的唯一机制：

$$p = I/a^i , a^B = \Gamma/n^U , i = A,B 。$$

其中，p 表示实现质量升级的研发成功率，a^i 表示国家知识环境系数，n^U 表示现代部门中在南方进行 FDI 生产的企业比例，n^U 越大，a^B 越小，进而在相同投入 I 条件下，质量升级概率 p 越大。通过上述假定，Walt(1997)得出 FDI 补贴、降低 FDI 企业税收等 FDI 促进性政策将增进北方溢出和提升世界经济稳态增长率的一般均衡结果。

2. 纳入外资技术溢出的产品种类增加型（横向创新）增长模型

Romer(1990)、Barro and Sala-i-Martin(1995)和 Borensztein et al. (1998)率先构建了一个简单的包含 FDI 技术溢出的产品种类增加型增长模型，其关键设定如下：

$$Y_t = AH_t^a \Big[\int_0^N x(j)^{1-a} dj \Big]^{1/(1-a)} ；$$

$$N = n + n^* ；$$

$$F = F(n^*/N, N/N^*) , \frac{\partial F}{\partial(n^*/N)} < 0 , \frac{\partial F}{\partial(N/N^*)} > 0 。$$

Borensztein et al. (1998)为重点分析东道国在 FDI 条件下的增长状态，将外国 N^* 的增长率设为外生，FDI 溢出效应直接体现为东道国中间品种类的扩张，F 表示东道国企业吸收采用 FDI 新技术以生产新产品时的固定成本，n^*/N 越大，F 越小，表示 FDI 占国内资本品比例越

高,将使东道国企业越有激励采用 FDI 带来的新技术。

3.纳入外资进入竞争效应的熊彼特主义增长模型

相比于上述两类模型,Aghion et al.(2005)构建的熊彼特主义增长模型的优越之处,在于其吸收借鉴了产业组织理论的研发竞争思想,可以在企业层面上洞察存在技术阶梯落差条件下,行业新进或潜在企业对在位企业研发行为的影响机制,其关键设定如下：

$$Y_t = L_t^{1-a} \int_0^1 A_t^{1-a}(j) X_t^a(j) \mathrm{d}j;$$

$$C_t(z) = \frac{1}{2} dz^2 A_{t-1}(j);$$

$$\pi_t(j) = (1-a)a^{\frac{1+a}{1-a}} A_t(j) = \bar{\pi} A_t(j)。$$

其中,$C_t(z)$表示中间品 j 的垄断商为取得研发成功概率 z 而需支付的研发成本,研发成功则中间品技术水平提升,从而提升预期利润。但研发未成功条件下,企业预期利润要受到代表市场竞争程度的潜在企业进入概率影响,从而构建起企业进入率与企业研发行为的内生决定机制,但是其不足之处在于该模型并没有纳入外资进入的溢出效应。

(二)实证困难:溢出效应与竞争效应未能有效分离

外资企业进入非前沿经济体,必然同时产生溢出效应和市场竞争效应,但在经验层面识别并观察竞争效应和溢出效应及其动态变化对计量分析提出挑战。当前国内外大量研究 FDI 溢出效应的实证文献,多以外资企业的相关参数占行业相应参数总和的比例来度量 FDI 进入的溢出效应。[①] 对此,Xu(2000)曾提出批评,指出这些模型中 FDI 份额引致的技术进步效应,并不全是 FDI 的技术溢出所导致,也可能是 FDI 进入后引起市场竞争加强,迫使东道国企业加快研发创新的结果。Görg and Greenway(2004)也总结性地指出,实证研究文献之所以没有对 FDI 效应给出方向相反的答案,是因为跨国公司不仅是东道国企业潜在的知识溢出源泉,也是潜在的竞争源泉,两者力量根据国别、行业异质性而不

---

① 如以外资企业占所在行业的资产比例(Aitken and Harrison,1999)、总雇员比例(Keller, 2004)等参与比例来表示(Share of FDI,下文简称为 SFDI)。

同。此后,国内外学者通过多种方法,力求分离 FDI 进入带来的竞争效应和溢出效应,本书认为可大致划分为四种方法。

第一种,以 SFDI 为竞争效应代理变量,以 FDI 在本国的研发资本为溢出效应代理变量。该方法的一个隐含前提是母国和东道国的技术水平是一致的,不存在技术差距,因此 FDI 必须要在本国有新的 R&D 行为并产生新的知识,才能产生知识溢出(Grossman and Helpman,1991b;Keller,2004)。沙文兵(2013)使用该方法,以中国高新技术产业行业面板数据,对 FDI 企业的 R&D 资本存量反映的溢出效应进行了检验,结果发现 FDI 企业的 R&D 行为对中国高新技术产业产生了显著的正向知识溢出效应。其计量模型可表示为

$$y_t = \beta' X + \delta_1 \mathrm{SFDI}_t + \delta_2 \mathrm{FR\&D}_t + \varepsilon_t。$$

其中,SFDI_t 系数 δ_1 为竞争效应,$\mathrm{FR\&D}_t$ 的系数 δ_2 为外溢效应。

由于 SFDI_t 本身也含有溢出效应,该方法存在的问题是将 FDI 带来溢出效应者单纯限定为 FDI 企业的 R&D 行为,进而低估 FDI 的溢出效应。如果研究样本均为发达国家,这种低估并不严重,但如果样本为发展中国家,由于大量在发展中国家的 FDI 企业本身已处于技术优势,R&D 活动并不密集,产生溢出效应主要发生于本国企业对外资企业当前产品的模仿与吸收,因而可能对 FDI 的溢出效应产生更为严重的低估。

第二种,以 SFDI 为竞争效应代理变量,以 FDI 在本国的增加值为溢出效应代理变量。其机理在于,FDI 进入本国的外溢效应的大小,关键在于本国企业的模仿学习效应,在模仿能力不变的条件下,外溢效应取决于本国企业接触 FDI 技术的概率。FDI 企业在本地所生产的增加值率越高,意味着本地企业或人员接触 FDI 技术的概率越大,进而决定了 FDI 溢出效应的最大可能性。唐未兵等(2014)较早使用该方法,就 1999—2007 年制造业行业面板数据展开计量研究,发现 SFDI 对中国制造业行业的投入产出率存在正面提高作用,但其力度小于 FDI 本地增加值率反映的溢出效应,其计量模型可表示为

$$y_t = \beta' X + \delta_1 \mathrm{SFDI}_t + \delta_2 \mathrm{LOC}_t + \varepsilon_t。$$

其中，LOC_t 为以 FDI 本地增加值率衡量的外资溢出效应，$SFDI_t$ 的系数 δ_1 为竞争效应，LOC_t 的系数 δ_2 为外溢效应。但是该方法同样存在一个问题，即 SFDI 本身既有竞争效应，也蕴含部分外溢效应，因而倾向于低估 δ_2 所反映的 FDI 外溢效应。

第三种，以 SFDI 为竞争效应代理变量，以 SFDI 的滞后期为溢出效应代理变量。该方法以 FDI 企业销售额占行业总销售额比例或者 FDI 企业雇员占行业总雇员比例表征 FDI 进入的综合效应，但以 SFDI 的即期变量表示 FDI 进入的竞争效应，以 SFDI 的滞后期表示 FDI 进入的技术溢出效应。外资企业产品一般具有较大的技术、品牌和质量优势，在短期内必然会对国内同类产品生产商构成直接的市场份额降低与利润损失，降低其创新能力，长期条件下国内厂商开始模仿、吸收 FDI 产品所蕴含的新技术新知识外溢，可能又会弥补短期的利润损失和提高创新能力。Sembenelli and Siotis（2005）在实证分析 FDI 进入西班牙企业带来的竞争效应和外溢效应时首先使用了该方法，认为在控制其他变量的情况下，可以通过 SFDI 的当期、滞后 1 期或滞后 2 期等期限变量来分别检验 FDI 对内资企业研发或增长绩效的竞争效应和外溢效应。沈坤荣、孙文杰（2009）借鉴了这一方法，利用中国 1998—2004 年的行业面板数据对 FDI 进入效应进行计量检验，结果发现，短期内 FDI 进入对中国内资企业的研发效应以及全要素生产率确实会产生负向的竞争效应，但滞后 1 期、滞后 2 期的 SFDI 均呈现出正面的溢出效应。其计量模型可表述为

$$y_t = \beta' X_t + \delta_1 SFDI_t + \delta_2 SFDI_{t-1} + \delta_j SFDI_{t-j} + \varepsilon_t。$$

其中，$SFDI_t$ 系数 δ_1 为竞争效应，$SFDI_{t-j}$ 的系数 δ_j 为外溢效应。

第四种，Nikolovová（2012）指出，关于 FDI 的东道国效应的大量经验研究，之所以出现结论迥异的局面，是因为始终不能较为精确分离 FDI 进入带来的负向的竞争效应和正向的溢出效应，不同国别、产业或企业的异质性导致两种效应力量的变化，进而导致净效应的方向出现变化。Nikolovová（2012）启发性的贡献在于，认为跨国公司在东道国直接投资即 FDI 带来的市场竞争效应与跨国公司向东道国市场出口带来竞

争效应是一致的,因此可以在计量模型中同时设置 FDI 和进口两种变量,意味着在控制进口项下,如果 FDI 项回归系数大于进口项的回归系数,那么两系数之差即反映为 FDI 进入带来的净溢出效应。用计量模型,可表述为

$$y_t = \beta' X_t + \delta_1 \text{FDI}_t + \delta_2 \text{Imports}_t + \varepsilon_t。$$

Nikolovová(2012)指出若有 $\delta_1 - \delta_2 > 0$,则可以认为 FDI 存在正向的溢出效应。[①]

基于上述分析,在理论模型上,尚没有可同时刻画 FDI 进入东道国后的溢出效应和竞争效应以及两种效应随着技术差距等因素而动态变化的统一框架。Walz(1997)、Borensztein et al.(1998)等建立的纳入 FDI 对东道国创新效应的内生增长模型,强调了 FDI 对东道国技术进步正向的溢出效应,而且这种溢出效应与技术差距密切相关,但"FDI 进入东道国市场→行业结构变动→企业创新行为决策"这一广泛存在的竞争效应机制并没有得到令人满意的规范分析,A－J 模型、Aghion et al.(2004、2005)等创建的熊彼特主义增长模型虽然强调 FDI 进入后市场竞争改变对东道国企业技术创新行为的影响,但又忽略溢出效应,本书试图建立一个可同时刻画溢出效应和竞争效应的一致框架。

在经验研究上,尚没有可将 FDI 进入东道国后的溢出效应和竞争效应进行有效区分与验证的计量模型。目前国内外关于 FDI 溢出效应的大量经验研究文献,一般是用东道国 TFP 增长率与 FDI 份额的联系构建计量模型,以此判断 FDI 溢出效应的大小(Aitken and Harrsion,1999;Keller,2004)。但是,Xu(2000)指出这些模型中 FDI 份额引致的技术进步效应,并不全是 FDI 的技术溢出所致,也可能是 FDI 进入后引起市场竞争加强,迫使东道国企业加快研发创新的结果。

---

① Nikolovová(2012)提出的计量模型存在的一个问题是,进口贸易本身也是东道国获取跨国公司溢出效应的渠道(Coe and Helpman,1995;Keller,2004),这意味着 $\delta_1 - \delta_2$ 是 FDI 和进口两种行为的综合效应之差,并非单是 FDI 净溢出效应,但 Nikolovová(2012)引用 Markusen and Venables(1999)的观点,认为东道国企业获取溢出效应需要与跨国公司直接近距离接触(face-to-face interaction),Morita and Nguyen(2011)等也认为 FDI 是国际技术溢出的主要渠道。

三、分析框架：技术差距视角的外资进入效应动态

基于 Acemoglu et al.(2006)、Aghion et al.(2004)的研究，本部分将建立一个多部门熊彼特主义增长模型。

（一）熊彼特主义的基本环境

经济体中分为一个最终品部门 Y 和多个连续中间品部门 $j,j \in [0,1]$。最终品施行竞争性生产，具有如下标准生产技术：

$$Y_t = L_t^{1-a} \int_0^1 A_t^{1-a}(j) X_t^a(j) \mathrm{d}j \qquad (5.1)$$

其中，所有居户仅生存一期，L_t 为固定的劳动力总供给，并标准化为 1。$X_t(j)$ 为中间品 j 在 t 时的投入量，$A_t(j)$ 为其在 t 时的技术水平。最终品生产均衡，使中间品 j 具有如下条件需求函数：

$$X_t(j) = A_t(j) \left[\frac{a}{P_t(j)} \right]^{1/(1-a)} 。$$

由最终品生产函数性质决定，在 t 时期，各中间品部门只能由拥有前沿技术水平的厂商施行垄断性生产。各垄断性厂商使用最终品作为中间品投入，并拥有相同的单位生产技术，以最终品为计价物。类似 Acemoglu et al.(2006)采用的模型，各中间品厂商的均衡利润为

$$\pi_t(j) = (1-a)a^{\frac{1+a}{1-a}} A_t(j) = \bar{\pi} A_t(j) \qquad (5.2)$$

（二）纳入外资进入变量

为集中分析外资进入对国内企业的创新行为影响，定义 $\bar{A}_t$ 为国外技术水平，且以速率 δ 稳定增长，$\delta > 1$。在 $t-1$ 期末，国内中间品厂商 j 的技术水平为 $A_{t-1}(j)$。在 t 期投入生产之前，厂商可以投入研发以提高技术水平，参考 Aghion et al.(2004)、Chu et al.(2014)的假设，厂商 j 研发支出 C_t 与研发成功概率 z 的关系为

$$C_t(z) = \frac{1}{2} dz^2 A_{t-1}(j) \qquad (5.3)$$

国内企业在研发时既可以根据已掌握的原有知识进行自主创新，也可以同时基于国外前沿技术溢出进行吸收再创新。这是我们与 Aghion et al.(2005)、黄先海等(2015)假设条件的一个关键不同。企业一旦研发成功,企业技术水平体现为

$$A_t(j) = \eta \bar{A}_{t-1}(j) + \gamma A_{t-1}(j) \tag{5.4}$$

其中,η、γ 分别表示吸收能力和自主创新能力。同时在 t 期初,外资潜在进入者通过观察国内在位者的创新行为进行 FDI 决策。为简化分析,我们假定如果国内在位者创新成功,外资潜在进入者选择不进入,否则将以概率 μ 成功进入国内市场。显然如果东道国降低跨国公司进入成本,FDI 成功进入率或者国内在位者面临的竞争压力将增大。

（三）技术差距条件下的竞争效应与溢出效应动态

现在我们分析 FDI 进入的溢出效应和竞争效应及其在技术差距条件下的变动,对国内在位者均衡创新支出的影响。国内在位者企业,将通过选择合意的研发成功概率 z,以最大化 t 期的预期利润:

$$\pi_t(j) = \max_z \bar{\pi}[z(1-\mu)A_t(j) + (1-\mu)(1-z)A_{t-1}(j)] - \frac{1}{2}dz^2 A_{t-1}(j)。$$

通过一阶条件,推出企业最优研发支出或合意的创新成功率:

$$z = \underbrace{\frac{\bar{\pi}(1-\mu)}{d}}_{\text{竞争效应}} \cdot \underbrace{\left(\eta \frac{\bar{A}_{t-1}(j)}{A_{t-1}(j)} + \gamma - 1\right)}_{\text{溢出效应}} \tag{5.5}$$

(5.5)式较为清晰地刻画出企业最优的研发支出受到 FDI 进入后带来的竞争效应和溢出效应的双重影响。(5.5)式等号右边表示 FDI 溢出效应随着国内外技术差距的缩小而逐渐减弱,意味着国内企业接近国际技术前沿后,将不得不更加依靠自主创新,自主创新能力将会更加重要。同时外资进入成功率较大,就意味着竞争效应导致企业研发成功带来的预期收益下降,但外资进入是否总是给国内企业带来负面的竞争效应呢? 为此,本书对(5.5)式进行比较静态分析,即

$$\frac{\partial z}{\partial \mu} = -\frac{\bar{\pi}}{d}\left(\eta \frac{\bar{A}_{t-1}(j)}{A_{t-1}(j)} + \gamma - 1\right),$$

进而有:

$$\frac{\partial z}{\partial \mu} > 0, \frac{\bar{A}_{t-1}(j)}{A_{t-1}(j)} < \frac{1-\gamma}{\eta} \tag{5.6}$$

$$\frac{\partial z}{\partial \mu} < 0, \frac{\bar{A}_{t-1}(j)}{A_{t-1}(j)} > \frac{1-\gamma}{\eta} \tag{5.7}$$

（5.6）式和（5.7）式给出的经济学直觉非常清晰，即 FDI 进入本国市场的竞争效应依据技术差距存在动态变化。背后机制在于 FDI 的进入同时具有两种性质的竞争效应：第一种是市场份额侵蚀导致的利润侵蚀效应（business stealing effect），第二种是市场竞争扩大引致的企业创新的超越竞争效应（escape competition effect）。当国内企业与国际技术前沿的技术差距缩小，FDI 进入的超越竞争效应的正面影响将覆盖利润侵蚀效应带来的负面影响，最终表现出激发创新的正向竞争效应。如果将 $\frac{1-\gamma}{\eta}$ 作为技术差距由远离前沿到准前沿的识别点，可得到本章**命题 1**：外资进入的溢出效应随着技术差距缩小而逐渐趋弱；外资进入的竞争效应对处于远离前沿经济体（企业）的技术创新起负面作用，对处于准前沿经济体（企业）的技术创新发挥正面作用。

本章在一个理论框架内同时刻画出 FDI 进入的溢出效应和竞争效应及其随技术差距变量的动态变化，是对 Aghion et al.（2005）模型的一个边际扩展。接下来我们将利用中国微观企业数据对本章命题进行计量验证。

四、计量检验：基于中国制造业的微观数据检验

为检验外资进入对处于不同技术差距水平上的内资企业的技术创新效应动态，本部分基于中国工业企业数据库提供的企业层面大样本数据（1998—2007 年），对理论命题进行经验研究。Aghion et al.（2005）、Jefferson et al.（2006）等的前期研究为本书提供了重要参考，而我们的重要不同在于：一是同时纳入 FDI 进入所引致的竞争效应和溢出效应，既有经验研究文献往往忽略前者或后者；二是同时分析 FDI 进入对企业综合技术水平（全要素生产率）提升以及产品创新的不同影响，而既有

文献往往将全要素生产率和产品创新等同对待。

（一）模型构建与变量设定

本书构建基本计量模型如下：

$$\mathrm{grow}_{ij,t}^{\mathrm{tfp\ or\ xcp}} = \alpha + \beta_1\,\mathrm{Entry}_{j,t-1} + \beta_2\,\mathrm{Gap}_{ij,t-1} + \beta_3\,\mathrm{Entry}_{j,t-1} \times$$
$$\mathrm{Gap}_{ij,t-1} + \beta_4\,\mathrm{Spillover}_{j,t} + \beta_5\,\mathrm{Spillover}_{j,t} \times$$
$$\mathrm{Gap}_{ij,t-1} + \gamma X'_{ij,t} + \delta_j + \tau_t + \vartheta_i + \varepsilon_{ijt}$$

其中，下标 i、j、t 分别表征企业、三位码行业和时间。α、$\sum\beta$、$\sum\gamma$ 为待估参数，δ_j、τ_t、ϑ_i 分别是用于观察行业、年份或企业固定效应的虚拟变量。主要变量的含义及其相应的测算方法解释如下。

第一，$\mathrm{grow}_{ij,t}^{\mathrm{tfp\ or\ xcp}}$ 表示国内企业的全要素生产率（tfp）增长率或者相应的新产品收入增长率。对于企业 tfp 估算，类似于前文，本章仍然选择基于半参数估计值技术的 Olley-Pakes 方法（简称 OP 法），并采用广泛应用的 Cobb-Douglas 生产函数（C-D 生产函数）作为估计方程，以 OP 法估计的具体计量模型设定：

$$y_{ijt} = \alpha l_{ijt} + \gamma k_{ijt} + h_t(i_{ijt}, k_{ijt}) + e_{ijt}。$$

其中，y_{ijt}、l_{ijt}、k_{ijt} 和 i_{ijt} 分别表示经过价格调整且对数化处理的企业产出、劳动和资本投入以及新增投资，函数 $h_t(i_{ijt}, k_{ijt})$ 反映的是从企业投资和资本存量变化角度可观察到的那部分生产率变化，通过此方程估计的 α、γ 才是劳动和资本对产出增长的净贡献，然后再利用索洛余值法即可得到企业水平的全要素生产率 tfp_{ijt}。参考 Jefferson et al.（2006）的方法，得到企业全要素生产率增长率：

$$\mathrm{grow}_{ij,t}^{\mathrm{tfp}} = \ln(\mathrm{tfp}_{ij,t}) - \ln(\mathrm{tfp}_{ij,t-1})。$$

然而，企业全要素生产率的增长并非一定源自企业技术水平的提升，比如也可能是"X"非效率的下降所导致的。而本书理论模型揭示的外资进入效应主要表现为对企业研发创新的影响，遗憾的是，目前包括 Aghion et al.（2009）、Jefferson et al.（2006）等在内的国内外大多数文献均是以全要素生产率作为被解释变量，考察外资进入的国内企业创新的影响，为此，鉴于专利数据的可得性，本书同时以企业新产品产值

（xc pcz$_{ij,t}$）增长率考察外资进入的竞争效应和溢出效应对企业技术创新绩效的异质性影响：

$$\text{grow}_{ij,t}^{\text{xcp}} = \ln(\text{xc pcz}_{ij,t}) - \ln(\text{xc pcz}_{ij,t-1})。$$

第二，Entry$_{j,t}$为本章主要解释变量之一，表示行业 j 在 t 年的外资企业进入率，用以刻画具有先进技术水平的外资企业进入的竞争效应。Aghion et al.（2009）使用新增跨国绿地投资（green FDI）企业劳动力增量表示外资进入率，但鉴于中国外资政策对跨国绿地投资的限制，本书以行业内三资企业合计从业人数增量占行业总人数比例进行相应表示，即

$$\text{Entry}_{j,t} = \frac{\sum_1^{N_{j,t}} L_{ij,t} \times D_{ij,t} - \sum_1^{N_{j,t-1}} L_{ij,t-1} \times D_{ij,t-1}}{\sum_1^{N_{j,t-1}} L_{ij,t-1}}。$$

其中：$L_{ij,t}$表示企业从业人数；$D_{ij,t}$则为 $0-1$ 变量，如果企业为外资企业，则为 1，否则为 0；$N_{j,t}$为行业 j 在 t 年的所有企业数。

第三，Gap$_{ij,t}$表示 j 行业的国内企业 i 在 t 年与行业内外资企业的平均技术水平的差距，并以相应的全要素生产率比值测算：

$$\text{Gap}_{ij,t} = \frac{\text{tfp}_{ij,t}(D_{ij,t}=0)}{Mean_1^{N_{j,t}} \text{tfp}_{ij,t}(D_{ij,t}=1)}。$$

其中，$Mean$ 表示求均值算子，显然，Gap$_{ij,t}$数值越大，意味着国内企业越接近外资企业所代表的行业国际技术前沿水平。需要指出的是，鉴于中国内地的外资企业大多数源自港澳台地区，而港澳台来源的外资企业在境内一般被认为从事于劳动密集型行业，技术水平相比内资企业并不突出，为增加Gap$_{ij,t}$数值的变异性，我们定义外资资本金占有比例超过50%的企业方为外资企业，而不是通常的15%。

第四，Spillover$_{j,t}$则刻画行业 j 的外资溢出效应。当前学界多数以外资企业占行业总资产比例、总雇员比例、总销售额比例来表示外资企业的溢出效应，但同时大量文献又以同样的算式表示竞争效应，实际上，Xu（2000）曾对此提出批评，他认为这一指标反映两种效应，存在较为严重的交叠。对此，我们借鉴产业间投入产出联系思想，以行业内外资企业平均的本地增加值率表征溢出效应：

$$\text{Spillover}_{j,t} = \frac{\sum_1^{N_{j,t}} \text{Addedvalue}_{ij,t} \times D_{ij,t}}{\sum_1^{N_{j,t}} \text{Output}_{ij,t} \times D_{ij,t}}。$$

我们以外资企业本地增加值率表示外资溢出效应的优势在于：一方面，本地增加值率是外资企业本地化程度的重要表征变量，外企本地化程度越高，国内资本、劳动力等要素参与和接触外企先进技术水平的概率越大（唐未兵等，2014），理论上应该具有更强的溢出效应；另一方面，本地增加值率为外资企业增加值与自身总产出的比值，并不是通常的外资企业增加值（或总产值）与行业总增加值（或行业总产值）的比例，因而可以实现与外资所引致的市场竞争效应较好的分离。

第五，$X'_{ij,t}$为一组企业或行业层面的控制变量，主要含 Scale（企业规模）、HHI（行业竞争程度）等，并分别以企业从业人员的对数值、企业主营收入为测算基础的赫芬达尔-赫希曼指数表示。一般认为，企业规模和行业市场竞争程度对企业创新能力、创新压力具有较大影响，因此我们将其作为控制变量纳入计量模型。

（二）数据来源与处理

本书数据来源于 1998—2007 年中国工业企业调查数据库，原始观测点总量达 200 余万个。数据处理大致经过三个阶段：①统一行业代码。计量模型中涉及的行业变量如外资进入率、外资企业本地增加值率以及行业内外资技术差距，均是在三位码层次上进行测量。由于 2003 年前后国家统计局施行新的国民经济行业分类标准（GB/T 4754—2002），与1994 年相应标准相比，行业分类特别是在三位码、四位码层次上具有较大幅度的调整，我们将数据库年份在 1998 年至 2002 年的四位码代码按新标准进行统一，然后再加总到三位码。②剔除非制造业数据。众所周知，煤炭石油、水电燃气等行业内企业的生产率波动，在很大程度上并非源自企业创新波动，而是跟随较大的政策调节波动，此外其公共行业属性对外资具有较为严格的限制，为规避上述行业对计量结果的影响，我们剔除了行业代码小于 13 和大于等于 44 的，从而得到一个中国制造业企业数据库。③剔除异常值。综合参考谢千里等（2008）、

Jefferson et al(2006)的做法，本书对数据库进行如下剔除：第一步剔除从业人数、销售总产值、固定资产净值等关键指标缺失的观测点；第二步剔除指标异常观测点，如工业销售产值低于 500 万元的"规模以上"标准、从业人数在 8 人以下的企业；第三步剔除不满足通用会计准则的观测点。经过以上处理后，可以得到一个覆盖企业 25 万余家、观测点超过 100 万个的非平衡面板数据库，基本可以反映连续 10 年的中国制造业企业全貌。

技术差距是本章经验研究的重要变量。为从整体上捕捉中国制造业与国外前沿水平的技术差距动态，我们绘制了制造业国内企业与外资企业平均技术差距在 1998 年至 2007 年的变动趋势图。图 5.2 的左、右部分分别表示以劳动生产率(gap_LP)和全要素生产率(gap_TFP)为基准的技术差距。结果发现，中国制造业与国际前沿技术水平的差距均在迅速缩小，1998 年，中国制造业整体全要素生产率水平仅为外资平均技术水平的 55% 左右，相应的劳动生产率水平差距更大，仅为外资平均水平的约 20%，至样本末期 2007 年，相应上升达到 85% 和 46%，10 年间年均增速分别为 5.1% 和 9.8%。如果外资企业 TFP 是国际前沿技术水平的合理代理变量的话，那么可以认为，中国制造业的全要素生产率水平已相当于国际前沿水平的 80% 以上。

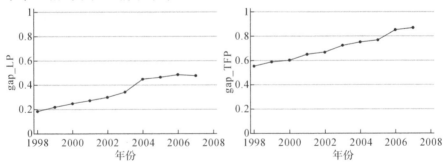

图 5.2　中国制造业与国际前沿的总体技术差距动态(1998—2007 年)

注：左图为以劳动生产率表示的技术差距，右图则为 OP 法计算的全要素生产率水平差距。数据源自中国工业企业数据库，计算样本不包含行业代码小于 13 和大于等于 44 的企业数据。

外资进入率是本章另一关键解释变量,为此我们绘制出国内制造业二位码行业1998—2007年平均的外资进入率(图5.3)。结果发现,中国制造业总体平均的外资企业进入率约为8.1%。分行业来看,在30个二位码行业内,有16个行业的外资进入率不超过5%,其中:外资进入率最低行业有石油加工、炼焦及核燃料加工业,烟草制品业,化学原料及化学制品制造业,外资进入率不超过1%;而外资进入率最高行业有皮革羽毛(绒)及其制品业,家具制造业,文教体育用品制造业,通信设备、计算机及其他电子设备制造业等,外资进入率接近或超过10%。这意味着行业内每年新增外企从业人员数量占上一年行业从业人员总量的比例平均达到1/10左右,而前者则不到1/100。众所周知,石油加工、炼焦及核燃料加工业,烟草制品业,化学原料及化学制品制造业具有较强的垄断性质和进入管制政策阻碍,而家具制造业,文教体育用品制造业,通信设备、计算机及其他电子设备制造业处于充分市场竞争状态,且行业内存在较多的著名跨国公司,这从侧面表明本书外资进入率测算的合理性。

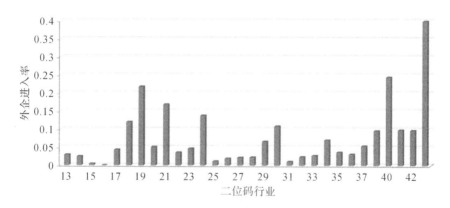

图5.3 中国制造业行业平均外资企业进入率(1998—2007年)

其他主要变量的统计特征见表5.1。

表5.1 主要变量的统计特征

变量	样本量	均值	标准差	最小值	最大值
tfp	1152472	2.962	1.114	0.041	6.669

续表

变量	样本量	均值	标准差	最小值	最大值
growtfp	861906	0.040	0.381	−2.992	3.018
Entey	1148545	0.030	0.066	−0.158	0.621
Spillover	1224925	0.270	0.049	0.130	0.600
Gap	1152077	0.940	0.318	0.017	2.259
Scale	1225350	4.804	1.097	2.079	9.294
HHI	1225350	0.010	0.011	0.001	0.128

注：各变量按正文中表达的测算方式进行测算，Scale 已取自然对数值，growtfp 的样本量较少是由于计算式中含滞后值。最小值和最大值均已剔除 1% 和 99% 以外的异常值。数据源自中国工业企业数据库。

(三)回归结果分析

1.基准结果：外资进入的竞争效应

在正式讨论基准回归结果之前，我们首先需要对面板数据回归的三种基本方法即混合回归(Pooled OLS)、固定效应回归(FE)和随机效应回归(RE)进行识别检验以确定回归有效性。通过在进行面板 FE 时不叠加稳健标准误的方式，得到 F 检验的 $p=0.0000$，故应强烈拒绝所有个体扰动项 $H_0:$ all $\mu_i=0$ 的原假设，从而可以认为 FE 明显优于 Pooled OLS，因此对所有模型均施加企业个体效应。同时，以过度识别检验(overidentification test)解决聚类稳健标准误情况下传统 Hausman 检验不适用的问题，$p>\chi^2$ 为 0.0000，因此拒绝随机效应，一致使用固定效应模型进行汇报。

外资进入率、内外资企业技术差距以及其交互项是本章关心的主要变量，我们首先尝试在不施加任何其他控制变量下，观察主要变量的基本情形。表 5.2 第(1)至(3)列的结果显示：第一，内外资企业技术差距(Gap_{t-1})的系数为负，且在 1% 水平上高度显著，表示上一期即外资进入前内资企业与外资企业的技术差距较小(注意，根据我们的定义，Gap 越大表示差距越小)，企业生产率增长率会越低，与本章理论模型以及第三、四章的研究预期保持一致，即由于技术差距是决定所谓后发红利也即吸收溢出效应大小的重要机制，从而意味着随着技术差距缩小，中国内资企业长期赖以高速发展的后发红利将趋于消失。第二，外资进入率（$Entry_{t-1}$）的回归系数为负，且在 1% 水平上高度显著，意味着行业内在短时期涌入较多具有先进技术水平的外资企业，就平均水平而言，负向的利润侵蚀效应将不利于中国内资企业的生产率提高。但是，外资进入率与内外资技术差距交叉项（$Entry \times Gap_{t-1}$）的系数为正，表示控制外资进入率稳定条件下，当 Gap_{t-1} 值超过某门槛值时，也即国内企业的技术水平接近前沿水平时，较大的外资进入率将促进国内企业生产率的提高。其背后机制在于当企业技术接近前沿，面对行业内外企进入带来的市场竞争压力，国内企业可能将更多选择通过创新以超越竞争状态，外资进入引致的超越竞争效应覆盖相应的利润侵蚀效应，最终表现为激励国内企业技术进步率的提升。

表 5.2　技术差距条件下外资进入的竞争效应检验

变量	growtfp$_t$ (FE)					
	(1)	(2)	(3)	(4)	(5)	(6)
$Entry_{,t-1}$	−0.398***	−0.414***	−0.472***	−0.393***	−0.406***	−0.466***
	(−3.97)	(−4.14)	(−4.66)	(−3.93)	(−4.07)	(−4.61)
$Gap_{,t-1}$	−2.017***	−2.024***	−2.037***	−2.009***	−2.017***	−2.028***
	(−173.87)	(−174.68)	(−174.10)	(−173.66)	(−174.47)	(−173.42)
$Entry \times Gap_{,t-1}$	0.550***	0.568***	0.645***	0.543***	0.559***	0.635***
	(4.50)	(4.67)	(5.21)	(4.45)	(4.60)	(5.14)
Scale				−0.0744***	−0.0745***	−0.0694***
				(−20.31)	(−20.40)	(−19.09)
HHI				−0.365**	−0.0365	−0.106
				(−2.64)	(−0.27)	(−0.79)
_cons	1.516***	0.750***	0.745***	1.888***	1.114***	1.095***
	(177.01)	(11.45)	(11.41)	(92.03)	(16.54)	(16.33)
year	No	No	Yes	No	No	Yes
industry	No	Yes	Yes	No	Yes	Yes

续表

变量	growtfp_t（FE）					
	（1）	（2）	（3）	（4）	（5）	（6）
firm	Yes	Yes	Yes	Yes	Yes	Yes
R^2	0.1460	0.1524	0.1576	0.1478	0.1548	0.1590
$p > \chi^2$				0.0000	0.0000	0.0000
N	372520	372520	372520	372520	372520	372520

注：括号内为 t 值。* 表示 $p < 0.10$，** 表示 $p < 0.05$，*** 表示 $p < 0.01$。为规避相应内生性，进入率及技术差距均进行一阶滞后处理，数据来源于中国工业企业统计数据库，下同。

值得指出的是，通过 $Entry_{t-1}(-\overline{\beta_1} + \overline{\beta_3} Gap_{t-1})$ 的计算，得到外资进入对中国内资企业技术水平转向发挥正面效应的技术差距门槛值为 0.7280，回忆本章第一部分所刻画的中国内资企业 1998—2007 年技术差距的变化动态，可以发现大部分行业中外技术差距已由 1998 年的 0.4 左右提升至 2007 年的 0.8 左右，因此，有理由判断，当前国内制造业企业的平均技术水平，已经进入初步具备与外资企业进行自由竞争的实力的新阶段。

2. 不同技术差距阶段下外资进入的溢出效应动态变化

在基准回归结果基础上，本部分汇报纳入 FDI 进入溢出效应的扩展计量结果。表 5.3 揭示出溢出效应与竞争效应的两点差异。

第一，如第（1）至（2）列显示，在不施加其他任何控制变量的条件下，FDI 进入的溢出效应在 1% 水平上显著为正，表示外资企业引致的知识、技术和管理溢出效应对内资企业在平均水平上是有利的，这是与 FDI 进入竞争效应的第一个不同之处。从侧面也表明本书指标可以较好地对 FDI 两种效应进行有效分割。

第二，为考察技术差距变量对外资溢出效应的调节作用，我们在第（3）至（4）列纳入溢出效应与技术差距滞后项的交互项，结果显示，只有当 Gap 较大时溢出效应的正面作用才能显著发挥，这与 Driffield and Taylor（2002）提出技术差距与技术外溢之间的"双刃性"结论是一致的。然而，溢出效应在 Gap 值平均大于 0.2466 时即可扭转为正，而相应的竞争效应的门槛值为 0.7280。这意味着，当非前沿企业或经济体处于远离前沿阶段时,外资溢出效应对技术进步具有正面作用。虽然在本书的理论模型中,表面看来随着技术差距缩小,技术模仿和吸收空间减小,FDI 溢出效应将逐渐减弱,但其效应仍将大于尚处于负面的竞争效应,这可能是大多数远离前沿的发展中经济体竞相出台优惠政策吸收 FDI 的背后原因。

表 5.3 技术差距条件下外资进入的溢出效应检验

变量	growtfp$_t$(FE)			
	(1)	(2)	(3)	(4)
Entry$_{t-1}$	−0.207***	0.199***	−0.212***	−0.204***
	(5.65)	(5.45)	(−5.77)	(−5.60)
Gap$_{t-1}$	−1.180***	−1.173***	−1.216***	−1.217***
	(−238.64)	(−238.10)	(−51.35)	(−51.84)
Entry×Gap$_{t-1}$	0.247***	0.232***	0.252***	0.238***
	(7.26)	(6.86)	(7.38)	(7.01)
Spillover	0.0982***	0.0985***	−0.023*	−0.0501*
	(4.46)	(4.50)	(−2.27)	(−2.60)
Spillover×Gap$_{t-1}$			0.129*	0.159*
			(1.53)	(1.89)
_cons	1.133***	1.577***	1.167***	1.619***
	(148.26)	(145.97)	(49.69)	(65.54)
R^2	0.1460	0.1524	0.1576	0.1478
N	795648	795648	795648	795648

注:括号内为 t 值。* 表示 $p<0.10$,** 表示 $p<0.05$,*** 表示 $p<0.01$。本表回归样本为未去除技术水平反超外资企业的内资企业的全样本。进入率及技术差距均进行一阶滞后处理,通过 Hausman 检验显示 p 值为 0.0000,因此各模型均施加企业固定效应。企业规模(scale)和行业竞争程度(HHI)的方向与表 5.2 一致,不再汇报。

然而当远离前沿经济体技术水平逐渐接近技术前沿时,外资溢出效应会发生怎样的变化呢?

Lai et al.(2008)表明,外资的溢出效应,只有在本国企业与外资企业技术差距处于合适区间时,才能发挥作用,技术差距过大和过小可能都不利于知识外部性的溢出。刘军等(2011)运用中国城市面板数据的实证研究发现,技术差距低于某一水平时,外资进入的溢出效应对城市生产率的增长反而出现逆向效果。本章理论模型也揭示,随着技术差距减小,外资溢出效应逐渐减弱。为此,我们猜想外资进入的溢出效应和技术差距的关系可能并非是"U"形关系,而是当企业或经济体处于准技术前沿阶段时,随着技术差距进一步缩小,外资进入的边际溢出效应将会逐渐减弱甚至为负。根据前文理论模型,控制吸收能力 η 后,溢出效应的大小主要由技术差距决定,因此在本部分,我们集中关注Gap 值变化引起的非线性效应,表 5.4 汇报了这一结果。当内外资企业 Gap 数值很大,对应的回归结果为负数,意味着当中国本土企业的技术差距逐渐缩小并接近前沿时,外资的溢出效应将趋于消失甚至为转变为负值。表 5.3 和表 5.4 的计量结果,加深了我们对外资溢出效应的理解:外资进入的溢出效应在技术差距较大时具有正面作用,而在技术差距较小阶段将逐渐趋弱,表明溢出效应与技术差距并非是"U"形关系,而可能是"∽"形关系。

表 5.4　外资进入的溢出效应："∽"形

变量	growtfp$_t$(FE)	
	(1)	(2)
Entry$_t$	−0.1766***	−0.1732***
	(−15.92)	(−15.59)
Gap$_t$	5.7896***	5.7866***
	(−124.64)	(124.62)
Gap$_t \times$ Gap$_t$	−3.1216***	−3.1238***
	(−96.36)	(−96.42)
Scale		−.0337***
		(−57.42)
HHI		−0.5179
		(−1.61)

续表

变量	growtfp${}_t$(FE)	
	(1)	(2)
_cons	−2.4687***	−2.3011***
	(−157.32)	(−114.78)
R^2	0.1815	0.1759
N	372520	372520

注:括号内为 t 值。* 表示 $p<0.10$, ** 表示 $p<0.05$, *** 表示 $p<0.01$。

3.扩展分析:外资进入的产业创新效应(新产品开发角度)

外资进入对企业全要素生产率提高的竞争效应和溢出效应具有异质性,然而,企业全要素生产率的提高,并非一定是技术水平提高的单一结果,实际上可能是企业强化技术研发,提高技术水平,缩小 X 非效率,甚至是市场势力导致产品溢价能力变动的综合反映结果。人们往往更关心外资进入对企业技术创新的影响,因为从长远角度来看,后发国家或者已经处于准技术前沿的新兴国家,只有通过技术创新特别是产品更新换代,才有可能最终反超发达国家,实现领先国家交替(黄先海,2005)。本部分在前文基础上,进一步以新产品收入作为前文理论模型创新的代理变量进行计量分析,以观察在技术差距变动条件下的外资进入,对中国内资企业新产品开发的竞争效应和溢出效应及其异质性。

表5.5汇报了计量回归结果。为综合显示外资进入的竞争效应和溢出效应对企业产品创新的水平效应和垂直效应,我们在第(1)至(2)列模型中以新产品产值占工业总产值份额为被解释变量,第(3)至(4)列则以企业新产品产值增长率为被解释变量。结果显示,外资进入率(Entry${}_{t-1}$)的增加对企业产品创新无论水平效应(新产品份额)还是垂直效应(新产品产值增长率)均显著,这与前文揭示外资进入率在平均水平上对企业全要素生产率为负的结果有所不同,可能原因在于,本模型样本期为 2005—2007 年,该时期的中国内外资企业技术差距相比全样本(1998—2007 年)初期已大幅缩小,内资企业的技术创新能力可能已跨过外资进入的熊彼特效应门槛(Aghion et al.,2005),面对 2003 年入

世后外资企业的大量涌入，此时的内资企业更多选择通过产品创新来超越竞争。然而，外资进入的溢出效应（Spill）对企业产品创新无论在新产品份额（水平效应）还是新产品产值增长（垂直效应）方面均表现出负面作用，虽然模型（2）和（4）在施加产业固定效应后均转为不显著，但仍能总体上显示，与竞争效应相比，外资进入带来的溢出效应对企业新产品开发的激励明显要弱。因此，数据结果支撑我们有理由进一步相信，中国内资企业的产品创新和产业升级动力，主要来自市场竞争特别是外资进入带来的产品竞争压力，而外资的知识溢出效应实际上可能更多在于鼓励了企业模仿和工艺改进，而不是刺激企业进行新的产品研发。

表 5.5　外资进入的产业创新效应

变量	xcpshare(POLS)		growxcp(FE)	
	(1)	(2)	(3)	(4)
Entry$_{t-1}$	0.358***	0.136***	0.416*	0.429*
	(9.88)	(3.75)	(2.05)	(2.09)
Spill	−0.0450**	0.0610	−0.516*	−0.521
	(−2.44)	(0.43)	(−1.60)	(−0.61)
Scale	−0.0204***	−0.0185***	0.222**	0.204**
	(−12.04)	(−10.89)	(2.84)	(2.75)
HHI	−0.379**	−0.131*	−0.634*	0.112
	(−2.79)	(−2.01)	(−2.12)	(0.02)
Rd	0.0435***	0.0409***	0.0405**	0.0417**
	(46.54)	(43.47)	(2.60)	(2.67)
_cons	0.0244*	−0.0713***	−1.258*	0.818
	(2.11)	(−5.11)	(−2.23)	(1.11)
Ind	No	Yes	No	Yes
Firm	Yes	Yes	Yes	Yes
R^2	0.1010	0.1176	0.0049	0.0149
$p > \chi^2$			0.0000	0.0000
N	37998	37998	11355	11355

注：表中 Rd 为企业研发，其余变量与前文一致。* 表示 $p<0.05$，** 表示 $p<0.01$，*** 表示 $p<0.001$。括号内为 t 值。

（四）稳健型检验

前文计量结果的基本结论为外资进入的竞争效应和溢出效应在技术差距变量变动下呈现出动态性与异质性：当内外资技术差距缩小至一定范围时，竞争效应和溢出效应才扭转为正，但竞争效应要求内资企业具有较强的自主创新能力，也即只有当内资企业充分接近技术前沿时，竞争效应才扭转为正。相比之下，溢出效应一般表现为内资企业的模仿学习，因而在技术差距相对较大时即可扭转为正。因而，稳健型检验的策略是需要用技术差距变量对企业进行有效的聚类检验，以观察不同类别的效应表现，一个自然的聚类方法，是将国内企业进行东中西分组，因为平均水平而言，东中西企业存在技术差距。另一种方法是进行分位数回归检验。基于上述理解，本书将展开两种方法的稳健型检验。

1. 分区域回归检验

参考黄先海等（2015）的研究，我们将国内的省（区、市）划分为东、中、西三大区域，然后分别进行回归。表5.6的结果显示，三大区域的外资进入率对企业全要素生产率增长率的影响，在平均意义上均为负值，这意味着，即使处于较高技术水平阶段的东部省（区、市），其技术水平也尚未超越竞争效应扭转为正的门槛值。可能出于西部地区的观察值较少的缘故，第（3）和第（6）列显示的外资进入率与技术差距的交换项均不显著，但符号与中东部相同，竞争效应扭转为正的平均门槛值与前文亦保持一致。值得指出的是，第（1）到第（3）列显示，溢出效应对西部地区企业技术水平的提高作用更为明显，回归系数几乎是东部和中部的1.5倍和2倍，表明随着技术差距缩小，外资进入的溢出效应将逐渐趋弱。

表 5.6　外资进入效应的分区域稳健性检验

变量	growtfp$_t$（FE）					
	1—东部	2—中部	3—西部	4—东部	5—中部	6—西部
Entry$_{t-1}$	−0.159***	−0.134*	−0.0326*	−0.164***	−0.141*	−0.0598**
	（−4.06）	（−2.16）	（−2.25）	（−4.16）	（−2.22）	（−2.46）
Gap$_{t-1}$	−1.111***	−1.290***	−1.303***	−1.150***	−1.346***	−1.464***
	（−194.75）	（−107.28）	（−87.40）	（−42.30）	（−23.19）	（−25.35）

续表

变量	growtfp$_t$(FE)					
	1—东部	2—中部	3—西部	4—东部	5—中部	6—西部
Entry×Gap$_{t-1}$	0.193***	0.155*	0.0477	0.198***	0.162*	0.0758
	(5.32)	(2.41)	(0.39)	(5.43)	(2.48)	(0.62)
Spillover	0.101***	0.0633*	0.153*	−0.0373*	−0.117**	−0.330
	(4.21)	(2.11)	(2.38)	(−2.37)	(−2.61)	(−1.80)
Spillover×Gap$_{t-1}$				0.143*	0.199**	0.560**
				(2.48)	(2.95)	(2.86)
Scale	−0.0807***	−0.132***	−0.113***	−0.0808***	−0.132***	−0.113***
	(−48.00)	(−28.02)	(−17.49)	(−48.04)	(−28.03)	(−17.49)
HHI	−0.199*	−0.548**	−0.567*	−0.197*	−0.545**	−0.509
	(−2.43)	(−2.76)	(−2.07)	(−2.42)	(−2.76)	(−1.87)
_cons	1.476***	1.865***	1.710***	1.514***	1.917***	1.849***
	(129.21)	(60.60)	(42.24)	(51.66)	(32.13)	(28.83)
year	Yes	Yes	Yes	Yes	Yes	Yes
Industry	Yes	Yes	Yes	Yes	Yes	Yes
firm	Yes	Yes	Yes	Yes	Yes	Yes
R^2	0.1135	0.1135	0.1135	0.1135	0.1164	0.1044
Prob>chi 2	0.0000	0.0000	0.0000	0.0000	0.0000	0.0000
N	573444	132208	89996	573444	132208	89996

注:括号内为 t 值。* 表示 $p<0.1$,** 表示 $p<0.05$,*** 表示 $p<0.01$。

2.分位数回归检验

相比于交互项或门槛模型显示变量非线性效应的方式,Koenker and Bassett(1978)首次提出,并经 Koenker(2006)完善的面板分位数回归模型,更能直观验证解释变量在调节变量变动下的非线性效应。本章理论模型和前文实证的核心发现,是外资进入对国内企业的竞争效应和溢出效应均受到技术差距变量的调节,在技术差距过大时,两者均表现为不利的一面,但相比溢出效应,竞争效应发挥正面作用的技术差距门槛值更大,也即要求国内企业足够接近技术前沿时,竞争效应才会对企业技术创新发挥正面作用。另外,溢出效应并非简单的

"U"形形态,当内外资企业技术差距过小甚至内资企业技术水平超过外资平均技术水平时,新进外资的溢出效应实际上将不再明显,甚至再次逆转为负,这可能正是逆向技术溢出效应(Coe and Helpman,1995)的表现。

　　为检验这一结果,我们根据 Gap 值的分布,将 Gap 从小到大依序划分为 5 个组别,然后对每个组别进行面板分位数回归,汇报结果见表 5.7。

表 5.7　外资进入效应的面板 QR 稳健性检验

变量	growtfp$_t$ (FE)				
	<5%	5%～25%	25%～50%	50%～75%	>75%
Entry$_{t-1}$	−0.593**	−0.0897***	−0.0342***	0.0472***	0.146***
	(−2.12)	(−3.53)	(−3.74)	(6.49)	(16.41)
Spillover	−0.576*	−0.0028*	0.0215**	0.0023**	−0.255***
	(−1.74)	(−1.75)	(2.79)	(2.07)	(−8.20)
Scale	−0.457***	−0.0921***	−0.0583***	−0.0549***	−0.104***
	(−10.14)	(−15.75)	(−18.93)	(−21.23)	(−47.55)
HHI	−0.0773	0.107	0.206*	−0.141*	−0.299**
	(−0.06)	(0.42)	(1.69)	(−1.63)	(−2.89)
_cons	2.514***	0.685***	0.439***	0.427***	0.758***
	(9.27)	(19.76)	(24.06)	(27.45)	(56.28)
year	Yes	Yes	Yes	Yes	Yes
industry	Yes	Yes	Yes	Yes	Yes
Firm	Yes	Yes	Yes	Yes	Yes
R^2	0.0134	0.0203	0.0117	0.0145	0.0238
$p > \chi^2$	0.0000	0.0000	0.0000	0.0000	0.0000
N	26597	148851	204288	208937	202764

　　注:括号内为 t 值。* 表示 $p<0.1$,** 表示 $p<0.05$,*** 表示 $p<0.01$。"<5%"指 Gap<0.3914,"5%～25%"指 0.3914≤Gap<0.7550,"25%～50%"指 0.7550≤Gap<0.9418,"50%～75%"指 0.9418≤Gap<1.1290,">75%"指 Gap>1.1290。

结果显示，第一，Entry 发挥正面竞争效应要在 50%～75% 以后的 Gap 区间，也即要求 Gap≥0.9418，而相应的溢出效应在 25%～50% 区间后即可扭转为正，并且随着技术差距缩小，竞争效应对企业技术进步的显著性逐渐提高，弹性系数逐渐增大。

第二，与竞争效应形成鲜明对比的是，虽然溢出效应在 25%～50% 组即可扭转为正，但随着技术差距缩小（注意 Gap 数值是增大的），溢出效应引致的技术进步作用力在逐渐缩小，并且如第 5 列显示，当内资企业 Gap 值大于 1.1290 时，也即对于技术水平反超外资企业的组别，外资企业进入带来的溢出效应反而显著为负，而与此同时，竞争效应却显著为正。可见，分位数回归结果更好地支持前文观点，即当经济体或企业远离技术前沿时，外资进入的竞争效应对技术进步起负面作用，但当逐渐接近世界技术前沿时，竞争效应将超越溢出效应，在激励企业创新和技术进步中发挥主导作用。

五、研究小结与政策含义

（一）研究小结

虽然已有大量理论和经验研究发现，外资企业进入对本国的溢出效应与竞争效应均因产业或企业的技术差距异质性而动态变化，但迄今为止，鲜有文献可在一个框架内同时探讨并显示外资进入的两种效应随技术差距变动的动态趋势，本章可能的边际贡献在以下几点。

第一，在理论分析层面，本书首次尝试将 FDI 进入东道国的溢出效应和竞争效应整合进一个熊彼特主义的增长框架，构建起可清晰观察 FDI 进入后的溢出效应和竞争效应随着技术差距条件变动对企业研发创新行为影响的微观机制。本章结果揭示，随着技术差距的缩小，FDI 进入的溢出效应将逐渐减弱，竞争效应则在技术差距超过门槛值后逐渐成为激励技术创新的主导因素。

第二，在经验揭示层面，基于中国数据的经验研究发现，外资企业进入对非前沿经济体技术差距变迁的整个过程的影响，其技术进步效应可能呈现的是"∽"形形态，而并非传统上理解的"U"形形态。技术差距过大和过小,均会导致 FDI 对国内企业的技术增进效应不明显或者扭转为负:当远离技术前沿也即技术差距过大时,由于吸收能力受限和外资竞争效应,企业创新能力并不会出现大幅提升,溢出效应表现为负;而当经济体或企业处于准技术前沿阶段后,随着技术差距缩小,由于逆向技术溢出效应机制的存在,源自 FDI 的溢出效应将逐渐缩小。

　　第三,在计量指标层面,如果说既有理论模型的不足在于无法在一个框架内整合 FDI 的两种效应,那么以往经验研究的困难则恰恰相反,是无法找到可准确分离 FDI 进入溢出效应和竞争效应的代理变量。本书在借鉴 Jefferson et al.(2006)研究的基础上,首次以中国工业企业面板数据核算出行业层面的外资企业进入率、外资企业本地增加值率,分别代理 FDI 进入的竞争效应和溢出效应,部分解决国内外文献长期以来以 FDI 产出或从业人员比例既代理溢出效应又代理竞争效应面临的效应重叠问题。

　　(二)政策含义:由引进资本到引进竞争的外资利用政策

　　1、溢出吸收(以市场换技术)型外资利用政策的适用条件

　　20 世纪后半期以来,政策界及学术界的主流观点一直秉承:跨国直接投资对东道国的重要影响,是其资本转移背后的技术溢出效应。同样基于这一理解,中国政府在改革开放初期,做出主动对外开放并积极引进外国直接投资的战略抉择。"以市场换技术"就是对该战略抉择的经典概括。以 1979 年《中外合资经营企业法》的颁布为起点,中国开始以开放部分国内市场、赋予外资外企"超国民待遇"等优惠政策,推进"以市场换技术"的引进外资战略。

　　然而,FDI 的技术转移和技术外溢效应对中国产业的技术进步,特别是内生技术能力提升的影响,却远不如其在经济增长和体制改革中的表现那样明显。大量外资的流入,并没有换来中国政府所热切期盼的先进技术和技术溢出,扶植出有竞争力和持续升级的本土企业,反而使中国经济陷入"引进—落后—越引进—越落后"和"能力弱—依赖—越依赖—能力越弱"的双重怪圈。正如商务部在《2005 跨国公司在中国报告》中所指出的:"大量外国直接投资带来的结果是核心技术缺乏症",

"让出市场却没有获得相应的技术提升，这离我们市场换技术的初衷还有相当大的差距"。

对此，国内外学术界已经对溢出吸收型或"以市场换技术"外资战略展开反思和讨论，大致可归结为三种观点：一是出于"以市场换技术"政策本身。因该政策对外资进入在外资股权比例、运营方面的限制，使FDI企业具有保护知识产权、长期保持技术竞争力的动机和压力，因而会抑制向国内转让最优技术，从而妨碍溢出效应的发挥。二是与外资企业转让的产品形式有关。根据部分学者的实际调查数据，中国引进外资设备大多以引进完整生产线或整套设备为主要形式，以在尽可能短的时间内实现投产进入市场为目的，即以扩大生产量为目标，国内企业并没有充分接触和掌握嵌套于资本设备的物质"体现型技术"，因此对引进产品进行集成再创新的能力受限。三是与国内企业的技术能力有关，即溢出效应并非自然发生，需要本土企业具备一定技术能力，并且需要支付专门的研发成本，才能掌握知识技术溢出。

根据本章的研究，"以市场换技术"的外资利用政策存在适用条件，其政策绩效与本国的技术差距水平密切相关。

第一，适度技术差距是通过"以市场换技术"渠道获取外资溢出效应的前提。上述三种对"以市场换技术"反思的观点，除第一种观点之外，无论是国内普遍使用的通过逆向工程吸收最终品所蕴含的"体现型技术"，还是对中间品的技术和质量进行集成再创新，均可归结为国内企业的自主技术创新能力，而国内企业与国际前沿的技术差距，既可总体上反映国内企业技术能力和吸收能力所处的阶段，又是决定溢出效应本身的一个重要因素。当本国企业远离技术前沿也即技术差距过大时，由于吸收能力受限和外资进入引致的负向竞争效应，企业创新能力并不会出现大幅提升甚至企业可能彻底退出市场，进而最终效应表现为负。

第二，在适度技术差距条件下，未能及时清理外资的"超国民待遇"，对竞争效应的抑制，导致本国自主创新不足和"核心技术缺乏症"的出现。当发展中经济体技术水平已处于准技术前沿阶段时，外资进入的竞争效应开始扭转为正，并将逐渐处于主导地位。在该阶段，如果外资企业在要素利用、采购、金融等方面继续享有"超国民待遇",将对国内企业竞争创新构成损害,从而不利于本国企业自主创新,"以市场换技术"的政策绩效趋于失效。

2.由引进资本转向引进竞争的外资利用政策

对于已处于准技术前沿阶段的经济体而言,应加快由过去以引进资本为主转向引进竞争为主的外资利用政策。

第一,为继续发挥外资企业溢出效应,应加快由原来通过"超国民待遇"政策吸引外资,转向"同国民待遇",同时选择具有更高世界技术领先地位的外资企业,从而构建一个支撑溢出效应发挥的适度差距空间。

第二,更重要的是,基于新产品开发经验研究的结论,与溢出效应相比,竞争效应不仅既可以提升以全要素生产率表示的综合技术水平,也可以加快以新产品产值增长率表示的产业创新升级速度,这对特别是以中国为代表的、总体技术水平已处于准前沿阶段的国际准前沿经济体而言,具有显著的外资政策含义。因此应由促进原来的"边境开放"转向"境内全面开放",构建对外资、国资、民资同等对待的要素配置和产品市场自由竞争环境,通过竞争效应机制,加速国内企业的技术水平提升和产业升级换代。

第六章　国际准前沿条件下的市场竞争、政府补贴及其最优实施空间

　　相比于远离前沿阶段,准前沿阶段的经济体或企业具有更丰富的行业选择:进入技术进步潜质较大的准前沿甚至前沿行业,或者继续选择在技术进步潜质较小的远离前沿行业。政府补贴是引导企业进入准前沿行业并加快技术进步的重要激励工具。本章继续深入研究如下问题:不同实施方式的补贴是否对技术创新存在不同的影响?市场竞争在准前沿阶段是推动技术进步的主导机制,那么该实施怎样的补贴方式以避免损害竞争?最后作为一个反思:市场竞争是否越激烈就越能激励创新?

　　一、问题提出

　　与远离技术前沿阶段相比,处于准技术前沿阶段的经济体具有更丰富和可行的产业发展战略。资本和技术累积,使得准前沿经济体或企业已经具备进入较高技术水平行业甚至所谓战略性前沿行业与国际前沿企业从而进行直接竞争的能力。实际上,根据 Lin and Monga(2011)对国际追赶增长经验的观察,后发经济体在接近前沿阶段时必须尽快从远离前沿产业向准技术前沿产业升级甚至向国际前沿产业跨越,才能最终实现技术反超。准前沿产业特别是前沿产业的技术创新风险以及外部

性巨大,需要企业付出巨大的创新努力并承担可能创新失败的风险,成为政府对进入准前沿或前沿产业进行补贴的主要依据。

相当数量文献认为,政府补贴可能比 IPR 保护更能直接激励企业研发支出,但关于补贴政策有效性的争辩迄今为止并没有造成共识。中国作为最大的新兴工业化经济体,相比知识产权保护政策,较密集的补贴政策是中国追赶型增长的主要政策工具。但是,自 2010 年以来中国愈演愈烈的"战略性新兴产业也过剩",再次引起国内外各界对以各类补贴为主要内容的东亚式产业政策的高度关注和理论反思。其中一个主要问题就是,实施不当的补贴方式反而可能会抑制企业技术创新。政府补贴和企业技术创新的关系为何?前文表明,市场竞争对于准前沿阶段经济体而言是推动技术进步的主导机制,那么,实施怎样的补贴方式可以激励竞争,从而加快准前沿经济体的技术进步?

政府补贴作为一种主要的产业激励政策,长期以来理论争辩的核心在于"该不该实施"上。当回顾经济学史以寻找补贴政策研究的源流时,我们发现关于补贴政策的争辩几乎贯穿整个经济学发展历程,但在长达 200 余年的批评与反批评中,补贴政策研究的主题长期集中在"该不该实施"之上。直到最近 10 余年来,鉴于世界上几乎所有国家都在施行形式各异的产业政策的事实以及政策干预"成少败多"的两面案例的存在,经济学学者开始逐渐用"该怎样实施"取代"该不该实施",将其列为政策研究的主要议题。Aghion et al.(2012)总结性地指出:"我们对产业政策的争论不应该再继续集中于产业政策'要不要存在'的问题之上了,而是应将兴趣转向该如何设计、管理产业政策以促进经济增长和福利增进。"

技术创新是行业技术进步的源泉,补贴政策"好坏"的重要分水岭在于其对企业技术创新的影响方向以及强度。本书力求从政府补贴、市场竞争和技术创新的相关关系角度,通过构建出一个简化的熊彼特主义增长模型,综合考察补贴集中度、补贴竞争兼容度、补贴目标产业等补贴政策绩效的不同影响。

二、分析框架:技术差距、补贴效应与竞争兼容

(一)纳入补贴变量的熊彼特主义基本环境

1. 消费行为

考虑一个两部门经济,分别为准前沿技术部门和远离前沿技术部门。[①] 部门内部生产的产品同质,同样分别表示为 A 和 B,其消费量分别以 x_A、x_B 表示,代表性消费者的效用函数为:

$$U(x_A, x_B) = \log x_A + \log x_B \tag{6.1}$$

消费市场上完全竞争,消费者拥有的收入为 $2Y$[②],产品 $i(i=A, B)$ 的价格为 p_i,可知当消费者实现效用最大化时,产品 i 的市场需求为 $x_i = Y/p_i$。

2. 生产行为

各部门内存在两个大企业 1、2 和大量"边缘企业"。假定以边际成本作为衡量企业特征的代理变量,"边缘企业"的常边际成本均为 c_f,大企业面临的实际生产成本为

$$c = c'/\tau \tag{6.2}$$

其中,c' 表示大企业的常边际成本,τ 表示补贴强度,显然 τ 越大,企业面临的实际生产成本越低。一个合理的假设是 $Y \gg c_f > c'$ 且 $\tau \geqslant 1$,可以反映大企业存在规模经济以及更有能力游说政府俘获行业补贴而获得的相对于边缘企业的成本优势,同时相对于产品成本,收入规模一般足够大。

3. 竞争行为

大量"边缘企业"进行伯特兰德竞争,而大企业之间可以选择是否进入同一产业或者在同一产业是否以串谋的方式来调整竞争程度。如果两大企业进入不同行业,本书称之为"差异化"选择,两者不存在正面竞争;如果进入同一行业,本书称之为"专注化"选择,两者会考虑串谋,如

---

① 不同部门依据技术差距,具有不同的技术进步特性,见下文分析。
② 收入设定为 $2Y$ 仅用于简化计算。

果串谋失败,则进行伯特兰德竞争。本书赋予两个大企业在进入同一行业后串谋成功的概率为 θ,θ 越小意味着行业竞争越激烈。因此,可将 θ 作为间接反映行业竞争程度的一个度量指标:

$$\theta = \theta(G,\tau) = \theta(\tau) \tag{6.3}$$

其中,G 表示企业家网络、反垄断法等影响企业串谋的社会因素,一般视为具有惯性的长期变量。相对而言补贴强度 τ 则可以有较大幅度变化,并会通过如下两种渠道对 θ 产生影响:①在行业补贴总额不变的情况下,补贴强度越大势必导致只有为数较少的企业可以俘获补贴,获补企业就越有动机形成串谋,以抑制可能造成补贴再配置的其他企业的壮大。②就新兴产业发展初期而言,只有少数企业可获得补贴激励的预期会减少承担有巨大研发风险的潜在进入者的数量,可见两种渠道均对行业竞争程度产生负面影响,下文模型进一步揭示了这一机理。

4. 技术差距与异质性创新

两种产品的生产技术同样以 A、B 来表示。本书假定行业技术进步主要由大企业 1、2 是否选择创新行为而决定。为刻画不同行业的技术进步潜质即技术进步对研发成功的灵敏度,模型以研发成功使大企业边际成本 c' 的下降程度来表示:

$$c'/\gamma_A = c'/(\gamma+\delta);$$
$$c'/\gamma_B = c'/(\gamma-\delta)。$$

其中,γ_i 表示行业 i 的技术进步潜质,显然 $\gamma_A > \gamma_B > 1(\gamma>0,\delta>0)$。该假设意味着技术差距不同的行业将具有不同的创新激励。远离前沿行业一般为成熟行业,成熟行业经研发取得的技术进步或边际成本的下降空间较小;前沿行业具有巨大的技术不确定性,投入单位研发取得成功后的成本边际下降幅度并不显著;而准技术前沿部门的技术路径相对比较明确,企业研发成功后的技术进步或边际成本下降幅度最大。因此,可以假定行业 A 为准技术前沿部门,一旦研发成功,将具有更大的技术进步幅度和成本节约潜力。不失一般性,本书假定一个企业是否获得创新思想(idea)为"抛硬币"式的古典概率事件,企业一旦获得创新思想,将会投入研发，研发支出与研发成功概率的关系为：付出 $\frac{q^2}{2}$ 的研发支出，获得大小为 q 的成功概率。

（二）企业差异化选择：远离前沿与准前沿行业

首先考虑两个大企业选择进入不同行业的差异化情形。如前假定，此时每个行业均由一个大企业和大量"边缘企业"构成且彼此进行伯特兰德竞争。

现在分类考察企业创新行为。假如大企业在投入生产过程中没有获得创新思想，因其边际成本 c 小于"边缘企业"边际成本 c_f，大企业最优定价策略必然是将价格调整至略低于 c_f，从而获取整个市场，并得到如下利润：

$$E\pi_i^{D_0} = (c_f - c)\frac{Y}{c_f}。$$

假如大企业在生产过程中随机性地获得了创新思想（概率为 $1/2$），它将选择研发支出以将创新思想付诸实践并追求利润最大化：

$$\max_q E\pi_i^{D_1} = q(c_f - c/\gamma_i)\frac{Y}{c_f} + (1-q)(c_f - c)\frac{Y}{c_f} - \frac{q^2}{2}。$$

解得企业满意的研发成功概率或者等价于最优研发支出以及期望利润为

$$q_i^D = \left(\frac{\gamma_i - 1}{\gamma_i}\right)\frac{c}{c_f}Y, i = A, B \tag{6.4}$$

$$E\pi_i^{D_1} = \frac{1}{2}\left(\frac{\gamma_i - 1}{\gamma_i}\right)^2 \left(\frac{c}{c_f}\right)^2 Y^2 + (c_f - c)\frac{Y}{c_f}, i = A, B$$

最终，如果大企业选择差异化，则差异化的期望利润为

$$E\pi_i^D = \frac{1}{2}(\pi_i^{D_0} + \pi_i^{D_1}) = \frac{1}{4}\left(\frac{\gamma_i - 1}{\gamma_i}\right)^2 \left(\frac{c}{c_f}\right)^2 Y^2 + (c_f - c)\frac{Y}{c_f}, i = A, B \tag{6.5}$$

由（6.5）式可判断行业 A 的期望利润更高，两大企业均有意愿进入准前沿行业 A，如果最终的市场均衡呈现差异化情形，那么必定是 A 行业的竞争结构发生了足够的改变才导致了差异化情形的出现。

（三）竞争兼容型补贴与专注化选择：集中于准前沿行业

现在考虑两大企业选择进入同一个行业的专注化情形。由（6.5）式可知两大企业会优先选择都进入 A 行业，此时 B 行业完全由"边缘企业"组成，A 行业则由两个大企业和大量"边缘企业"构成。该情形下，如果企业没有创新思想，其预期利润为

$$E\pi^{F_\circ} = \theta \cdot \frac{1}{2}(c_f - c)\frac{Y}{c_f}。$$

如果企业获得了创新思想，将会付出 $\frac{q^2}{2}$ 的研发成本，以换取大小为 q 的创新成功概率，一旦创新成功企业必然会垄断整个市场而不会选择串谋。其最优研发支出满足：

$$\max_q E\pi^{F_1} = q(c - c/\gamma_A)\frac{Y}{c} + (1-q)\theta \cdot \frac{1}{2}(c_f - c)\frac{Y}{c_f} - \frac{q^2}{2},$$

解得 $q^F(\theta)$ 表达式并综合（6.2）式、（6.3）式，得到：

$$q^F(\theta) = \left[\left(1 - \frac{1}{\gamma_A}\right) - \frac{\theta(\tau)}{2} \cdot \frac{c_f - c'/\tau}{c_f}\right] \cdot Y \qquad (6.6)$$

（6.6）式给出的经济学含义非常清晰，符合企业意愿的研发支出，随着行业需求规模、行业技术进步潜质的增大而增加，但随着补贴强度的增大而减少。该式同时显化了补贴对创新产生影响的微观机制：补贴的存在首先人为扩大了获补企业的外生的相对成本优势，更为重要的是补贴抑制了市场竞争，最终减少了企业研发支出（创新抑制效应）。相反，在补贴总量不变条件下，如果补贴政策减小单个企业补贴强度，不仅将弱化企业的外生成本优势，还会使更多企业获得补贴从而激励潜在进入者进入市场，提高行业竞争水平（减小 θ），强化竞争效应，最终将刺激企业增加研发支出（创新激励效应）。本书将施行提高补贴强度抑制竞争的补贴方式概括为集中型补贴，将以降低补贴强度、覆盖度更广的方式实施的补贴概括为竞争兼容型补贴，并将其与竞争、创新的关系归结为

命题 1：集中型补贴存在创新抑制效应，以更均匀的方式施行的竞争兼容型补贴可减弱补贴的创新抑制效应，并通过诱导企业竞争获得创新激励效应。

将(6.6)式代回利润最大化式得到创新预期利润,并最终得到选择同时进入准前沿技术产业 A 的企业的预期利润:

$$E\pi^F = \frac{1}{4}\left(1 - \frac{1}{\gamma+\delta} - \frac{\theta}{2} \cdot \frac{c_f-c}{c_f}\right)^2 \cdot Y^2 + \frac{\theta}{4}\left(\frac{c_f-c}{c_f}\right)Y \quad (6.7)$$

(四)专注化阈值与市场竞争的非线性效应

从社会角度看,对于具有加快技术进步偏好的中央计划者而言,当(6.8)式成立时,同时进入准前沿行业 A 这一个专注化选择下的全社会研发支出水平高于差异化选择。

$$2q^F(\theta) \geq q_A^D + q_B^D = \left(2 - \frac{1}{\gamma+\delta} - \frac{1}{\gamma-\delta}\right)\frac{c}{c_f}Y \quad (6.8)$$

根据(6.6)式,$q^F(\theta)$ 是关于 θ 的减函数,θ 越小,竞争程度越高,(6.8)式越容易成立。因此,中央计划者有动机鼓励企业同时选择进入行业 A 并扩大行业竞争,从而提高全社会研发支出水平,获得更快的技术进步速度。

然而,从企业角度看,同时投资于行业 A 并不必然是企业利润最大化的选择,当且仅当专注化选择下的期望利润 $E\pi^F$ 大于差异化选择的期望利润 $E\pi_B^D$ 时,坚持专注化选择才是企业自由选择的稳态均衡结果。企业专注化条件为

$$\frac{1}{4}\left(\frac{\gamma+\delta-1}{\gamma+\delta} - \frac{\theta}{2} \cdot \frac{c_f-c}{c_f}\right)^2 \cdot Y^2 + \frac{\theta}{4}\left(\frac{c_f-c}{c_f}\right)Y \geq$$

$$\frac{1}{4}\left(\frac{\gamma-\delta-1}{\gamma-\delta}\right)^2\left(\frac{c}{c_f}\right)^2 Y^2 + (c_f-c)\frac{Y}{c_f},$$

进一步得到:

$$\theta_d = \frac{K_1 - \frac{1}{Y} + \sqrt{\left(\frac{1}{Y} - K_1\right)^2 - K_1^2 + K_2^2\left(\frac{c}{c_f}\right)^2 + \frac{4}{Y} \cdot \frac{c_f-c}{c_f}}}{\frac{c_f-c}{2c_f}}$$

$$\approx \frac{K_1 + K_2\left(\frac{c'/\tau}{c_f}\right)}{\frac{c_f-(c'/\tau)}{c_f}} \quad (6.9)$$

(6.9)式中，$K_1 = 1 - \dfrac{1}{\gamma + \delta}$，$K_2 = 1 - \dfrac{1}{\gamma - \delta}$，约等式两侧成立利用了 $Y \gg c_f > c'$ 条件。(6.9)式意味着只有当 $\theta \geqslant \theta_d$ 也即行业内竞争强度不超过某个值时，企业才会坚持专注化情形，称 θ_d 为保证专注化的竞争阈值，并有**命题2**：行业内存在一个保证专注于准前沿行业生产的市场竞争阈值 θ_d，当竞争强度超过 θ_d 时，企业选择进行差异化生产，进而抑制技术进步。

命题2揭示出政府补贴与市场竞争关系的重要政策含义：市场自身存在一个对行业竞争强度进行调节的自发机制，当竞争强度在适度范围内时，随着竞争增强，企业有动机加大创新力度以期超越竞争；当竞争强度过大时，企业事实上会选择差异化生产以规避竞争，反而不利于企业创新和技术进步。

另外(6.9)式约等号右边表明，政府补贴干扰了市场对竞争调节机制或资源配置机制的发挥：补贴强度越大，企业可容忍的行业内竞争阈值越高，行业过度竞争风险提高。该命题在一定程度上亦揭示了政府补贴与产能过剩的内在联系：对于准前沿经济体，大部分行业内企业竞争尚为水平性质的同质竞争，过度竞争风险提高基本等同于产能过剩风险的出现。

前述理论模型所揭示的准前沿行业下的补贴与竞争以及创新的关系，为解读新兴工业化经济体常见的产能过剩，特别是中国2010年以来的"战略性新兴产业也过剩"现象提供了一个合乎逻辑的微观机制：以竞争兼容方式施行的补贴可在抑制补贴对创新的负面作用的同时，通过扩大市场竞争获得创新激励效应，但不同行业存在一个调节企业进入退出的有效竞争阈值，当行业竞争强度已经过大时，补贴会使企业进一步降低对竞争压力的敏感性，市场竞争对企业退出的调节机制趋于失效，产能过剩的风险随之产生。因此，补贴与竞争以及创新的互动关系为以各类补贴为主的新兴工业化经济体产业政策提供了一个方向性的优化指南。

接下来，本书将继续利用中国工业企业数据库，对上述理论命题给予实证检验。

三、计量检验:基于中国工业企业数据的实证研究

(一)计量策略、模型构建与变量设定

"生产率从长期来看几乎等于一切",判断产业政策优劣的试金石是政策对行业或企业生产率产生影响的方向和力度。基于前述理论成果,并为与 Aghion et al(2015),Hoff(1997),邵敏、包群(2012)等衡量补贴政策绩效的做法保持一致性从而具有可比性,本书同样以生产率为被解释变量,构建一个可以对集中型补贴、竞争兼容型补贴、补贴目标产业等影响政策实施效果的多种因素进行检验的实证模型。生产率方程设定如下:

$$\mathrm{Pro}_{ijt} = F(\varOmega_{ijt}, \varPhi_{jt}, \varGamma_t)。$$

生产率方程表示企业生产率除受到企业内部的异质性特征($\varOmega_{ijt}$)影响之外,也同时受到企业所处行业的异质性($\varPhi_{jt}$)以及政策变量($\varGamma_t$)的影响。相比劳动生产率,企业全要素生产率(TFP)因更能反映投入转化为最终产出的总体效率,其作为生产率的代理指标得到广泛应用。构建本书的计量回归模型如下:

$$\mathrm{TFP}_{ijt} = \beta_0 + \beta_1 \, \mathrm{Sub}_{\mathrm{ratio}\,ijt} + \beta_2 \, \mathrm{Sub}_{\mathrm{comp}\,jt} + \beta_3 \varOmega_{ijt} + \beta_4 \varPhi_{jt} + \alpha_j + $$
$$\alpha_t + \varepsilon_{ijt} \qquad\qquad (6.10)$$

政策变量 $\varGamma_t$ 主要以补贴强度(Sub_ratio$_{ijt}$)(反映集中型补贴)、补贴竞争兼容度(Sub_comp$_{jt}$)表示。本书以企业补贴收入占销售收入的比重来反映政府补贴的强弱。补贴竞争兼容度是本书的核心解释变量之一,其值越大,竞争兼容性越强,反映补贴政策越是以离散且均匀的方式覆盖到行业内企业。根据理论模型,本书期望补贴强度会对企业生产率产生负面影响,而以竞争兼容方式施行的补贴竞争兼容度会对企业生产率产生一个积极的正面影响。

控制变量 $\varOmega_{ijt}$ 是一系列可对生产率产生影响的源自企业自身的异质性因素,本书主要以所有权属性(Sshare$_{ijt}$)、企业规模(Scale$_{ijt}$)以及企业生命阶段(Stage$_{ijt}$)等来刻画。所有权属性从制度渠道会对企业生产

率产生重要影响已取得广泛共识,本书以国有资本占企业实收资本的比例来衡量企业的所有权属性。企业规模一般从规模效应渠道产生影响,但规模过大亦会产生因信息传递成本增加带来的生产率损失,因此其效应并不明确。企业所处的生命阶段对企业生产率的影响机制尚没有得到深入探讨,通常认为经验累积的"年龄效应"会产生正面影响,但周黎安等(2007)表明这种"年龄效应"在第六年后即消失。本书还控制了中间投入比($input\_ratio_{ijt}$)、出口比例(exp_share_{ijt})或是否出口(exp_dum_{ijt})作为反映企业异质性的其他控制变量。

因企业所在行业不同而对生产率产生影响的行业性变量 Φ_{jt} 主要有行业竞争程度(Ind_comp_{jt})、行业资本密集度(Ind_intens_{jt})等。前述理论模型表示,行业竞争程度 θ、行业技术进步潜质 γ 对企业研发支出均具有重要影响,但技术进步潜质目前尚无有效测度方法。因前沿技术产业通常具有较高的资本密集度,本书以行业资本密集度作为其代理变量。行业资本密集度越大,可表示技术差距越小。行业资本密集度以行业资本总和与总劳动人数表示。但从要素禀赋角度来看,如果行业资本密集度严重偏离全社会平均资本密集度,该行业企业一般会缺乏"自生能力",对该类企业实施补贴会存在较强的资源扭曲效应。

(二)数据来源、变量估测与统计特征

本书数据来源于 1998—2007 年中国工业企业调查数据库,原始观测点总量达 200 余万个。众所周知,由于煤炭石油、水电燃气等行业内企业以及外资企业与一般工业企业具有几乎完全不同的补贴俘获模式,为保证获得通常意义的政策实施方式与施政效果关系,本书选取了其中的制造业样本。随后综合参考谢千里等(2008)、Jefferson et al.(2006)的做法,对数据库进行如下剔除:第一步剔除补贴收入、从业人数、销售总产值、固定资产净值等关键指标缺失的观测点;第二步剔除指标异常观测点,如工业销售产值低于 500 万元的"规模以上"标准、从业人数在 8 人以下的企业;第三步剔除不满足通用会计准则的观测点。经过以上处理后,本书得到一个覆盖企业 25 万余家、观测点超过 150 万个的非平衡面板数据库,基本可以反映连续 10 年的中国制造业企业全貌。

根据模型,企业生产率、补贴竞争兼容度和行业竞争程度等三个关键变量并没有直接的统计数据对应支持,必须首先通过一定的估计或测算方法才能得到。相比于对企业生产率的 Ols_FE 估计方法,本书选择基于半参数估计值技术的 Olley-Pakes 方法,并采用当前广泛应用的 Cobb-Douglas 生产函数作为估计方程,以 OP 法估计的具体计量模型设定为

$$y_{ijt} = \alpha l_{ijt} + \gamma k_{ijt} + h_t(i_{ijt}, k_{ijt}) + e_{ijt}.$$

其中,y_{ijt}、l_{ijt}、k_{ijt} 和 i_{ijt} 分别表示经过价格调整与对数化处理的企业产出、劳动和资本投入以及新增投资,函数 $h_t(i_{ijt}, k_{ijt})$ 反映的是从企业投资和资本存量变化角度可观察到的那部分生产率变化,通过此方程估计的 α、γ 才是劳动和资本对产出增长的净贡献,然后利用索洛余值法即可得到企业对数化的生产率值:

$$TFP_{ijt} = \ln y_{ijt} - \alpha \ln l_{ijt} - \gamma \ln k_{ijt} \qquad (6.11)$$

补贴竞争兼容度(Sub_comp_{jt})是刻画政府补贴是以更竞争性的方式还是更集中性的方式施行的指标。补贴竞争性具有离散性和均匀性两个维度,当前学界一般是借鉴刻画产业强度的 CR8、CR4 或者补贴覆盖比例来反向测算 Sub_comp_{jt}。上述方法简单易行,不过只能从非完整意义上测量补贴的离散性,而均匀性这一重要性质未能得到良好反映。[①] 赫芬达尔-赫希曼指数(HHI)虽然可以相对较好地兼顾到补贴竞争性的两种性质,但容易受到行业内企业数量不同而带来的测度差异的影响。借鉴泰尔指数(Theil Index)的计算思想,并为与补贴竞争兼容度的方向保持一致,本书采用施加倒数处理的泰尔指数来衡量 Sub_comp_{jt},相对而言,泰尔指数可以规避上述测算方法的缺点。

行业竞争程度(Ind_comp_{jt})。理论上刻画竞争程度的标准做法是选择反映市场势力的勒纳指数或者用当前研究热点成本加成率来反映,

---

① 以补贴覆盖比例为例,同样的行业补贴覆盖比例数值下,企业间获得补贴额度可能存在巨大差异,比如极少数企业获得了行业补贴总量的绝大部分,这种严重的非均匀性有违"竞争兼容"的完整含义。

但两者在实际应用过程中均遇到企业边际成本或行业平均边际成本无法准确衡量的数据支撑问题。本书借鉴了沈坤荣、孙文杰(2009)以行业利润率反映行业竞争程度的方法,为与 Ind_comp_{jt} 方向保持一致,施加了对数化与倒数处理。① 至此,本书获得了所有变量的统计数值,表 6.1 汇报了主要变量的统计特征。

表 6.1　主要变量的统计特征

变量	变量中文名	样本量	均值	标准差	P5	P95
TFP	生产率	1581613	2.9197	1.2378	0.7843	4.7843
Sub_ratio	补贴强度	1581613	0.0039	0.1206	0.0000	0.0142
Sub_comp	补贴竞争兼容度	1581613	0.7043	0.1873	0.4115	0.9448
Ind_comp	行业竞争程度	1581613	3.2337	0.5050	2.6170	4.2331
Ind_intens	行业资本密集度	1581613	4.1688	0.5153	3.1035	5.0559
Sshare	企业所有权属性	1581613	0.1008	0.2894	0.0000	1.0000
Scale	企业规模	1581613	9.8750	1.2291	8.3270	12.0720
Stage	企业阶段	1525926	1.9085	1.0029	0.0000	3.6889

注:企业规模及企业所处阶段均进行了对数化处理。

(三)基本回归结果与分析

本书采用双向固定效应模型验证不同补贴实施方式的政策效应,考虑到中国补贴政策普遍的"扶强"机制,规模大或生产率高的企业对政府补贴的俘获能力更强,为消解 Sub_ratio 与 TFP 两个变量可能存在的内生性问题,本书在回归时纳入了 Sub_ratio 的一阶滞后变量,表 6.2 第(1)至(2)列汇报了基本回归结果。结果显示,Sub_ratio 的系数显著为负,这意味着随着政府给予企业的补贴强度的增大,平均意义上的企业生产率水平不但没有获得相应的提高,反而有所降低,这可能正是邵敏、包群(2012)所描述的国内大量企业"为补贴而寻补贴"的逆现象。总体

① 在会计准则里补贴被加在企业利润内,因此该方法可能会低估真实的市场竞争程度,换个角度而言,补贴的存在降低了企业对竞争压力的敏感性,这与本书的判断基本一致。

而言,计量结果支持单纯提高补贴强度的激励政策往往与政策初衷是相反的至多是低效的理论预期。

表 6.2 竞争兼容型补贴效应的基本回归结果

变量	FE			
	(1)	(2)	(3)	(4)
Sub_ratio	−0.0589*	−0.0588*	−0.0127**	−0.0127**
	(−1.92)	(−1.92)	(−2.57)	(−2.57)
Sub_comp	0.0368***	0.0368***	0.0604***	0.0605***
	(22.91)	(22.94)	(40.06)	(40.11)
Ind_comp	1.6573***	1.6587***		
	(59.16)	(59.22)		
Ind_comp2	−0.2187***	−0.2189***		
	(−53.68)	(−53.73)		
Ind_intens			2.3647***	2.3643***
			(53.94)	(53.98)
Ind_intens2			−0.2640***	−0.2640***
			(−53.11)	(−53.17)
Sshare	−0.0965***	−0.0962***	−0.1103***	−0.1100***
	(−22.45)	(−22.39)	(−23.52)	(−23.47)
Scale	0.6777***	0.6791***	0.6671***	0.6687***
	(517.24)	(517.44)	(436.06)	(437.96)
Stage	−3.2602***	−3.2602***	−3.3183***	−3.3181***
	(−543.17)	(−543.33)	(−341.89)	(−342.12)
input_ratio	−3.2589***	−3.2592***		
	(−542.74)	(−542.89)		
exp_share	−0.0429***		−0.0522***	
	(−9.59)		(−14.01)	
exp_dum		−0.0534***		−0.0620***
		(−19.34)		(−25.01)

续表

变量	FE			
	（1）	（2）	（3）	（4）
_cons	-6.0464^{***}	-6.0563^{***}	-7.9197^{***}	-7.9253^{***}
	（-111.92）	（-112.13）	（-76.03）	（-76.15）
N	723967	723967	723967	723967
R^2	0.4601	0.4617	0.4487	0.4503

注：括号内为 t 值；*、**、*** 分别表示 10%、5%、1% 的显著性水平。固定效应模型同时控制了年份和产业固定效应。拟合优度均为调整后 R^2。

与增大补贴强度相比，以均质离散方式执行的竞争兼容型补贴政策指标即 Sub_comp 在模型中均显著为正，这与本书理论部分的预期结果吻合：即使在行业补贴总量保持不变的条件下，如果补贴能够更均衡发放到符合一定条件的每个企业，而不总是被少数企业俘获，那么会促进更多潜在企业进入行业从而促进企业间竞争，企业技术水平就有望以社会帕累托改进的方式获得提升。

为验证竞争兼容型补贴政策有效性的环境也即理论部分专注化竞争阈值的存在，本书在模型中加入 Ind_comp 的二次项。表 6.2 汇报结果显示，行业竞争在一定范围内会对企业生产率产生正面效应，但当 Ind_comp 超过最优值 3.79[①] 时，Ind_comp 的效应逆转为负。Aghion et al.（2005）所揭示的竞争与创新的"倒 U"形关系以及本书从不同角度得到的相似的理论结果得到了检验。本书的贡献在于得到一个平均意义上的具体的最优值，该值可以作为补贴政策是否处于有效实施空间的一个基础判断值。

（四）基于行业异质性的补贴政策最优实施空间

除行业竞争强度外，本书将行业资本密集度作为影响生产率水平的第二个行业异质性因素。依据新结构经济学理论，当企业所在行业的资本密集度与社会平均资本密集度一致时，行业将具有显著比较优势而快

[①]　根据表 6.2，Ind_comp 对 TFP 效应的极值出现在曲线 1.6573Ind_comp$-$0.2187 Ind_comp2 的拐点处，后文 Ind_intens 的 TFP 效应极值点取同样方法测算。

速成长;而当两者严重脱节时,企业一般呈现较低生产率。本书侧重的是从补贴政策竞争有效性角度观察政策有效性,一个猜想是与社会平均资本密集度一致的行业,一般也处于社会平均技术水平,因资本和技术进入门槛较低,该类行业一般会面临"红海"竞争,反而抑制了在位企业的研发支出意愿。因此,生产率水平最高的行业资本密集度可能与社会平均资本密集度并非一致,而是应略高于社会平均资本密集度,换言之,略高于社会平均技术水平的准前沿行业内可能具有更高的生产率,同时由于技术进步潜质较大,补贴政策绩效更高。

为验证上述猜想,本书将行业资本密集度及其平方项纳入模型。根据表 6.2 第(3)至(4)栏汇报的结果,不出意外,Sub_ratio 的效应在 5% 水平上均显著为负,至少从数据上可基本推断,中国过去 10 年来以加大补贴强度为传统方式的产业激励政策的失效和低效。相反,Sub_comp 即以竞争兼容方式施行的补贴在模型中均显著为正。同时,表 6.2 结果支持本书的猜想,即与生产率峰值水平对应的行业资本密集度与社会平均资本密集度并不一致,其峰值点出现在资本密集度为 4.47 左右的行业。如果本书以表 6.1 揭示的制造业平均资本密集度 4.16 代表全社会资本密集度中位值,以 P95 所对应的资本密集度 5.06 代表全社会资本密集度高位值,那么与生产率峰值水平对应的最优行业资本密集度应届于全社会资本密集度中位值与高位值之间。背后一个合理的机理推断是,处于该类产业的在位企业既可享有较好的技术进步潜质,即付出较小的研发成本即可获得较大的边际成本下降从而较大幅度提高生成率,同时避免因技术门槛过低带来的恶性竞争。

将行业竞争程度和行业资本密集度对补贴政策绩效指标的影响刻画在同一平面内,可以得到图 6.1。图 6.1 显示,行业竞争强度和行业资本密集度与生产率均存在"倒 U"形关系,即补贴政策存在一个以行业竞争强度与资本密集度两大行业异质性为主的最优实施空间,当行业竞争强度小于社会层面的最优值时,最适宜通过施加竞争兼容型补贴刺激行业竞争、激励企业创新进而提高行业生产率水平,当竞争强度大于最优值则应尽快取消补贴政策。同时考虑到全社会要素禀赋结构变迁较为缓慢,最优的行业资本密集度为补贴目标产业选择提供了一个合适的自然基准:政府补贴应投向高于社会平均资本密集度或高于平均技术水平的准前沿技术行业。

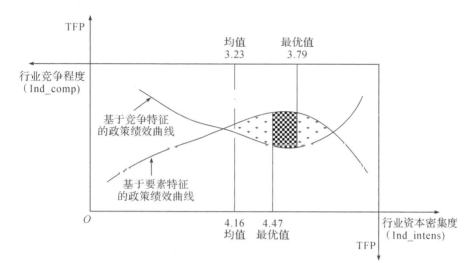

图6.1 基于行业异质性的补贴政策最优实施空间

注:图中均值和最优值数据来自对表6.1、表6.2相关结果的计算,文中已有说明。

(五)基于倾向得分匹配法和分位数回归的稳健型检验

1.基于倾向得分匹配法的稳健型检验

为检验补贴政策最优实施空间存在的稳健性,本书采用倾向得分匹配法(PSM)对处于和不处于最优实施空间的企业生产率进行比较。基于企业规模、工资率、国有资本比率和增值税率等四个控制因素的数据可得性,本书采用2004年普查年和2005年的工业企业数据进行研究,以规避同一年各个变量间的相互影响。[1] 根据表6.3汇报的匹配后结果,处理组企业生产率比控制组的企业生产率高出0.0831,且 t 值显著,意味着落入补贴政策最优实施空间的企业生产率一般高于空间外企业。

① 此处感谢《中国工业经济》匿名审稿人指出本书初稿在 PSM 检验中存在的问题并提出修改建议。

表 6.3　补贴政策最优实施空间的 PSM 结果

变量		处理组	控制组	差距	观察值	t 值
TFP	匹配前	3.1218	3.0393	0.0826	361219	12.22
	匹配后	3.1218	3.0388	0.0831	31051	9.26

　　表 6.4 汇报的匹配平衡性检验结果显示，匹配后各变量的标准偏差大部分控制在 5% 以下，说明匹配变量选取的有效性，但 wage 和 Scale 两变量的 p 值仍较小，匹配后的均值差异仍然明显。为解决这一问题，且考虑到不同行业异质性对总体样本变量配对的影响，本书对制造业每个二位码行业分别进行匹配平衡性检验，发现大部分行业匹配变量的标准偏差均下降到 5% 以内，同均值差异不再显著。[①] 因此可以表明补贴政策最优实施空间的倾向得分匹配检验的可靠性。

表 6.4　总体样本的匹配平衡性检验

匹配变量		均值		标准偏差		t 检验
		处理组	控制组	偏差	减少	$p > t$
vat_ratio	匹配前	0.1612	0.1313	1.1%	45.0%	0.009
	匹配后	0.1612	0.1776	−0.6%		0.609
wage	匹配前	15.2579	12.7830	19.4%	72.4%	0.000
	匹配后	15.2580	14.5750	5.4%		0.000
Scale	匹配前	10.0658	9.8764	15.5%	−18.7%	0.000
	匹配后	10.0701	9.8403	18.4%		0.000
Sshare	匹配前	0.0771	0.0486	12.3%	87.1%	0.000
	匹配后	0.0771	0.0734	1.6%		0.071

　　注：匹配变量分别为增值税率（vat_ratio）、工资率（wage）、企业规模（Scale）、国有资本比率（Sshare），其中工资率、企业规模均经对数化处理。数据源自中国工业企业数据库。

2. 基于分位数回归的稳健型检验

PSM 检验从企业层面提供了处于行业竞争强度和资本密集度最优

---

① 限于篇幅，本书不再单独汇报二位码行业样本的匹配平衡性检验结果。

值附近也即补贴政策最优实施空间的企业生产率通常高于其他企业的证据,但尚不能揭示最优值前后生产率变化与不同补贴政策实施方式的关系。为此,本书使用非平衡面板分位数回归来进一步验证补贴政策最优实施空间的存在性和稳健性。依据表 6.1 所提供的 Ind_comp、Ind_intens 统计特征,我们将两个变量均按 25%、50%、75% 三个分位数进行回归,表 6.5 汇报了回归结果。

表 6.5　研发补贴的非平衡面板 QR 回归

变量	Ind_comp				Ind_intens			
	25%	50%	75%	100%	25%	50%	75%	100%
	(1)	(2)	(3)	(4)	(5)	(6)	(7)	(8)
Sub_ratio	0.0223	−0.0501	−0.0330	−0.0090	−0.0123*	−0.0415	−0.0008	0.0144
	(0.35)	(−0.79)	(−1.53)	(−1.16)	(−2.04)	(−1.82)	(−0.24)	(0.74)
Sub_comp	0.0101**	0.0799***	−0.0242***	−0.0086***	0.0212***	0.0505***	0.0159***	−0.0178***
	(3.10)	(22.73)	(−14.38)	(−6.22)	(20.15)	(13.19)	(4.86)	(−5.55)
Ind_comp	0.7913***	−0.2369***	−0.0172	0.0046				
	(32.39)	(−7.17)	(−0.73)	(1.31)				
Ind_intens					0.0579***	0.1184**	0.1156***	−0.2327***
					(4.30)	(3.11)	(3.80)	(−6.71)
Sshare	−0.0663***	−0.0701***	−0.0774***	−0.0737***	−0.0643***	−0.0725***	−0.0652***	−0.1031***
	(−6.01)	(−5.44)	(−7.31)	(−10.24)	(−6.82)	(−8.38)	(−5.94)	(−9.93)
Scale	1.1824***	1.0959***	0.9904***	0.9960***	1.0246***	0.9724***	0.9529***	1.2166***
	(37.59)	(34.11)	(33.08)	(30.26)	(37.94)	(35.26)	(26.68)	(44.93)
Stage	−0.0514***	−0.0306***	−0.0508***	−0.0384***	−0.0362***	−0.0399***	−0.0413***	−0.0545***
	(−11.98)	(−9.12)	(−17.87)	(−18.02)	(−16.12)	(−15.28)	(−11.39)	(−15.62)
input_ratio	−3.5582***	−2.9000***	−3.3353***	−3.4270***	−3.0200***	−3.3444***	−3.2637***	−3.7648***
	(−173.23)	(−178.38)	(−171.32)	(−113.16)	(−145.80)	(−161.04)	(−155.25)	(−202.37)
exp_share	−0.0375*	−0.0400***	−0.0527***	−0.0342***	−0.0418***	−0.0450***	−0.0706***	−0.0359**
	(−2.43)	(−4.89)	(−7.57)	(−3.99)	(−8.47)	(−5.25)	(−6.71)	(−2.62)
_cons	−6.9997***	−3.8045***	−2.7206***	−3.1486***	−3.1555***	−3.4545***	−3.4211***	−2.5911***
	(−39.92)	(−19.46)	(−16.21)	(−19.43)	(−22.38)	(−16.92)	(−15.56)	(−12.97)
N	370996	369829	385781	380335	362246	397410	380976	385294

注:括号内为 t 值;*、**、*** 分别表示 10%、5%、1%的显著性水平。

本书以第(1)至(4)栏 Ind_comp 这个维度进行分析，当 Ind_comp 值较小时，其对生产率的激励效应显著为正，而当在 50％分位数及之后，生产率效应扭转为负。与此同时，本书关心的核心变量 Sub_comp 也即补贴竞争兼容度在 50％分位数之前，对生产率的激励效应均显著为正，而当在 50％分位数之后均显著为负。这显示在 Ind_comp 维度上基本吻合图 6.1 所表达的补贴政策最优实施空间：以竞争兼容方式实施的补贴因可规避单纯提高补贴强度的负面效应，在市场竞争强度较小时通过激励企业竞争和创新进而对企业生产率的提高产生显著的正面效应，而当市场竞争强度超过最优值后，政策激励效应逐渐减弱并趋于失效。同理，在 Ind_intens 维度上也显示了大致相同的结果。鉴于行业资本密集度尤其是全社会平均资本密集度变迁相对缓慢，可主要以行业竞争程度作为补贴政策最优实施空间的判别变量，经计算，Ind_comp 的 50％分位数值为 3.30，略低于图 6.1 中所刻画的最优值 3.79，因政策激励效应在超过最优值后迅速减弱，可将 3.79 的前 15％和后 5％作为补贴政策最优实施空间的实践参考。

四、回到现实：一个对中国战略性新兴产业的政策空间考察

下面我们将研究转回现实，即理解中国出现的"战略性新兴产业也过剩"现象。战略性新兴产业是当前世界各主要发达大国的政策关注重心，也是中国产业政策的焦点。基于上文理论和实证研究成果，本部分尝试以行业竞争强度和资本密集度两个维度的行业异质性因素，考察中国的战略性新兴产业政策绩效，讨论其未来调整空间。

图 6.2 揭示了中国战略性新兴产业两个维度的行业异质性分布。中国战略性新兴产业平均资本密集度为 4.4322，与前文揭示的资本密集度最优值较为契合，说明就要素禀赋维度而言，中国选定的大部分战略性新兴产业处于补贴政策的有效实施空间。从产业周期来看，战略性新兴产业尚处于起步与成长期，一般具有较高资本与技术门槛，企业一旦进入则具有较大的市场势力。事实上，战略性新兴产业的平均行业竞争强度仅为 2.6640，市场竞争强度严重不足。在此情景下，政府可以执

行补贴政策但是应以竞争兼容性方式施加,即适当减小补贴强度从而使补贴以更均衡化的方式向企业发放,不仅可以规避对单一企业补贴过多导致创新抑制效应,又可以通过激励更多潜在进入者进入市场增强竞争和促进创新。

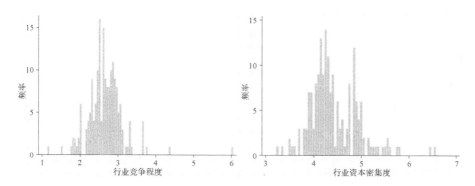

图 6.2 中国战略性新兴产业行业异质性分布

注:基于四位码的工业型战略性新兴产业分类。

但是,由于不同行业存在相当大的且动态变化的异质性差异,补贴政策仍然需要高度的针对性和灵活性。具体来看,少数战略性新兴产业资本密集度状况良好,但其竞争强度已经超过了社会平均最优值。如表 6.6 显示,四位码 4041 所对应的电子计算机整机制造业 Ind_comp 值已达到了 4.3902,属于高度竞争状态。这可能从侧面表明虽然该类行业被归类为战略性新兴技术产业,但中国企业主要参与的是资本技术门槛并不高的加工装配环节,高度竞争状态使得此类行业已经不适宜继续执行补贴政策。

表 6.6　中国战略性新兴产业分类与匹配

战略性新兴产业分类(2012 年)		国民经济行业分类(GB2002)		
			2007	
二位码	三位码	四位码	Ind_intens	Ind_comp
01 节能环保产业	011 高效节能通用设备制造	3511	4.3077	2.7978
02 新一代信息技术	022 高端计算机制造	4041	4.5134	4.3902

续表

战略性新兴产业分类(2012 年)		国民经济行业分类(GB2002)		
			2007	
二位码	三位码	四位码	Ind_intens	Ind_comp
03 生物产业	031 生物药品	2720	4.9829	2.3587
04 高端装备产业	045 智能装备	3521	4.3598	2.9225
05 新能源产业	054 太阳能设备	2665	5.4501	1.8412
06 新材料产业	069 高能复合材料	2659	4.3755	2.4567
07 新能源汽车	071 新能源整车	3721	5.2439	3.0534

注:表中行业均为工业性质。

另外一些战略性新兴产业资本密集度较高,同时市场竞争强度显著不足,此类行业非常适宜施加竞争兼容型补贴政策,但也应紧密跟踪市场竞争的动态变化并适时调整。如新能源产业门类下四位码 2665 对应的行业主体正是单晶硅、多晶硅等光伏产业。根据表 6.6 的数据,该行业 2007 年的 Ind_intens、Ind_comp 分别为 5.4501 和 1.8412,具有高资本密集度和低行业竞争程度的准前沿或前沿产业典型特征。但也正是该行业在 2010 年前后便率先出现严峻的"战略性新兴产业也过剩"现象,至 2012 年下半年整体进入"萧条"期。根据本书调查资料测算,光伏产业 Ind_comp 值在 2010—2013 年已分别大幅上升为 2.3026、3.1011、4.1997 和 3.9120。不断高企的行业竞争使该产业已滑落出补贴政策的最优实施空间,但各级地方政府对该产业的持续的过度补贴政策,进一步降低了企业对市场需求变化和竞争压力的敏感性,最终导致出现"为补贴而生产"和"战略性新兴产业也过剩"的尴尬局面。显然,补贴政策应随着行业竞争程度变化进行动态调整。

五、研究小结与政策含义

(一)研究小结

准前沿经济体该怎样更好地实施补贴政策以加快技术进步是本章

要回答的主要问题。本章通过构建一个简化的纳入补贴变量的熊彼特主义增长模型，推导出一个可直接显示集中型补贴对创新的抑制效应，而竞争兼容型补贴可通过激励竞争获取创新激励效应的理论机制，同时，准前沿行业由于具有较大的技术进步潜质，通过覆盖面更广、更匀致的补贴方式诱导更多潜在企业进入，将激励企业实现更多的研发支出和相应更快的技术进步。但是，企业自身会对市场竞争做出反应，当行业竞争强度过大时，企业可能偏离准前沿行业。当市场竞争强度已经过大时，即使竞争兼容型的补贴政策也将趋于失效，因而将进一步加剧企业竞争，从而加快企业逃离。基于中国工业企业数据库的经验研究，验证了本书提出的主要理论命题，并得到关于提高补贴政策目标产业选取的主要基础：补贴政策应优先补贴具有较高资本密集度或技术差距较小的准前沿行业，同时要求该行业竞争程度保持在合适区间，两者构成补贴政策的最优实施空间，补贴政策越偏离最优实施空间，施政效果越会背离政策制定者的初衷。

（二）政策含义：实施适中的竞争兼容型补贴政策

采取激励性政策刺激新兴产业发展是当前各国产业政策的重点。最近数年来，欧盟、美国等典型发达市场经济体亦纷纷出台形式多样的补贴政策，以抢占下一轮经济制高点，但形式各异的欧美式补贴政策背后的共同特征就是保持市场竞争有效性和企业自主性。反思中国战略性新兴产业 2010 年来出现的严重产能过剩局面及其背后原因，"欧美双反"只是外部导火索，各级地方政府的"浪潮式"跟进和过度的、集中的、未能动态调整的补贴政策可能是出现这种"战略性新兴产业也过剩"现象更为重要的推手。当前以机器人、3D 打印和物联网等为代表的智慧型产业正在形成下一轮新经济的"共识"之势，各地政府再次纷纷介入扶持，事实上截至 2014 年，30 多个机器人产业园已在中国遍地开花。为避免重蹈光伏产业覆辙，构建中国新型补贴政策体系是当前的重大议题。

根据前述研究结论，本书提出了以补贴为主要内容的中国补贴政策的三种优化设计方向。第一种是实施竞争型补贴政策，即适当提高补贴竞争兼容性。特别是对处于初创和成长时期的新兴产业，其生产模式和技术范式并不确定，本质上需要更多潜在企业进入行业并通过企业间频繁的试错性研发和产品竞争，才能最终由市场决定出"谁是战略性行业，谁是行业胜利者，由谁制定技术标准"，因此补贴政策要避免人为选定"白马"，应通过更广泛、更均质的补贴覆盖，弥补企业进入新兴产业需要付出的"失败"风险和"成功"外溢性，诱导更多潜在企业进入行业从而促进竞争和创新，最后由市场挑选出"黑马"。

第二种是实施适中型补贴政策，即适中的企业补贴强度。竞争兼容型补贴政策可在一定程度上通过激励竞争规避补贴对创新的负面作用，但如果企业接受补贴强度本身过高，会使企业失去对市场需求规模和市场竞争强度的独立判断与反应敏感性，有可能导致企业在已经处于高度竞争状态的行业中僵持甚至"扩大生产以换取更多补贴"，后者正是产能过剩的前兆。

第三种是实施动态性补贴政策。补贴政策的重点应聚焦靠近或处于最优实施空间内的行业和企业，鉴于行业资本密集度和全社会要素禀赋变迁（对应的是社会平均技术水平）相对缓慢，应重点关注行业竞争强度变化，针对竞争强度不足的行业实施力度适中的竞争型补贴，当行业竞争强度过大时，应及时调整直至取消补贴激励机制。

第七章　结论与启示:国际准前沿经济体的未来

本章对全书主要研究结论进行梳理和总结,并在此基础上,对非前沿经济体特别是已处于准前沿阶段的国际准前沿经济体的技术进步政策给出系统建议,最后指出本书研究局限性以及未来进一步努力的方向。

一、结论提要

全书实际上围绕一条主线而展开,即从技术进步维度,探讨扩大市场竞争在发展中经济体从远离前沿到国际准前沿的整个转变过程中的技术进步效应及其随着技术差距条件的动态性质,然后讨论知识产权保护、外资企业引入、政府研发补贴三种最为广泛利用的技术进步激励工具各自在技术差距条件下的动态性质,特别是各自与市场竞争的协同关系,力图为发展中经济体取得快速技术进步以及协调相应的技术进步激励工具提供系统的理论基础和新的洞察。

第一,在技术维度,本书首次将世界各国划分为远离前沿、国际准前沿和国际前沿三类经济体。这一技术维度的划分,为发展中经济体的技术进步模式转换与各种技术进步激励政策工具调整适时转换提供一个量化参考。根据 14 个全球新兴工业化经济体的典型化事实分析和基于 115 个经济体的跨国面板数据计量分析,本书认为当以本国劳动生产率为代理的技术水平约为美国的 2/5 及以上时,可认为从远离技术前沿进入准技术前沿阶段。

第二,在国际准前沿阶段,扩大市场竞争引致的创新效应将超越技术差距引致的追赶效应,上升为规避技术"追赶陷阱"、加速向国际技术前沿收敛的根本技术进步动力。本书基于 Acemoglu et al. (2006) 的基准框架,吸收 Aghion et al. (2005) 的熊彼特主义创新概率思想,构建出纳入技术差距的熊彼特主义增长模型,研究揭示:对于远离前沿的经济体,发挥技术差距追赶效应的追赶导向型技术进步模式可引致快速技术进步,而扩大竞争将导致低水平竞争困境;对国际准前沿的经济体,追赶型模式会面临潜在技术"追赶陷阱",而扩大竞争则可激励企业转向竞争导向型技术进步模式,跨越技术"追赶陷阱",加快向国际前沿收敛。政府可在规避"陷阱"、推动技术进步模式适时转换中发挥重要外组织功能。

第三,依据技术差距,阶梯递进型的知识产权保护存在动态性质的示范效应,相比平齐型和门槛型知识产权保护是占优的。可化解长期以来知识产权保护与市场竞争存在静态的"诺德豪斯困境":当给予越接近技术前沿的企业越强的知识产权保护时,距离技术前沿较远的处于不同技术阶梯上的企业均有激励加大研发力度,推进技术阶梯提升,以获取更好的知识产权保护。并且,当行业内企业的技术水平均接近前沿时,扩大竞争将引致"超越竞争效应",使企业有激励加大研发力度,推动技术进步,而下一个更高阶梯上更强的知识产权保护预期将放大"超越竞争效应",进一步激励企业技术创新,两者对激励企业创新和技术进步呈现出互补性质。

第四,外资企业进入非前沿经济体同时存在溢出效应和竞争效应,溢出效应随着技术差距变小而趋弱,竞争效应则呈非线性,当技术差距缩小至临界值后,外企进入的竞争效应将在促进非前沿经济体技术进步中发挥显著作用。基于中国数据的经验研究发现,外资企业进入对非前沿经济体技术差距变迁的整个过程的影响,其技术进步效应可能呈现的是"∽"形形态,而并非传统上理解的"U"形形态。

第五,集中型补贴对企业创新存在抑制效应,竞争兼容型补贴可弱化创新的负面影响,并通过激励竞争对准前沿经济体的技术创新产生正面影响,然而当市场竞争本身已经过于激烈时,政府补贴趋于失效。基于一个简化的熊彼特主义增长模型刻画上述机制后,基于中国工业企业数据库的计量研究发现,补贴政策存在一个行业竞争水平和技术水平两大行业异质性特征的最优实施空间,应优先补贴竞争强度较小、技术差距较小的准前沿行业,当补贴政策越偏离最优实施空间,施政效果可能越会背离政策制定者的初衷。

二、研究启示

在基于本书研究结论提出正式的政策性启示之前,应强调非前沿经济体与国际技术前沿的技术差距的动态变化,是市场竞争调节、知识产权保护、外资进入管制、政府补贴等技术进步激励工具有效发挥的基础。如本书第三章研究表明,非前沿经济体过早扩大市场竞争可能会陷入低水平竞争困境,过晚则可能陷入技术"追赶陷阱"。基于跨国面板数据的经验研究结果发现,当劳动生产率为美国等国际技术前沿经济体的 2/5 左右及以上区间时,可以认为经济体已处于准技术前沿阶段,识别技术差距对发展战略及政策激励体系调整具有基础作用。

(一)适时由追赶导向型技术进步模式转向竞争导向型技术进步模式

纵观包括中国在内的新兴工业化经济体在其高速增长时期的发展特征和经验,可将之归结为一个共同发展模式——追赶导向型模式,即通过有规划的大规模集中投资、较弱的市场竞争、较弱的知识产权保护、大规模外资引进、大量的政府补贴,实现资本维度的快速积累和技术维度的快速模仿、吸收,推进国民收入高速增长。但本书研究结果表明,追赶导向型模式在准技术前沿阶段具有陷入技术"追赶陷阱"的潜在风险,在收入维度上表现为跌入中等收入陷阱。根据林毅夫(2012)的判断,从二战以来到现在,世界上只有两个经济体从低收入进入中等收入然后又转变为高收入,这意味着追赶导向型模式存在某种自我强化的路径依赖,政府可通过扩大市场竞争等宏观变量,影响微观企业内生选择竞争驱动的竞争导向型技术进步模式。

对于技术差距已处于国际准技术前沿阶段的发展中经济体[1],应适时有序扩大市场竞争,加快转向竞争导向型技术进步模式,并建立竞争导向的技术进步激励体系。具体有如下政策性建议:第一,扩大产品市场的进入端、供给侧和跨区域竞争。降低产品跨区域流动成本,建立国内统一的大市场格局,扩大市场规模效应,加大行业内、区域内企业竞争强度,激励企业不断开发新技术,推出新产品,并加快产品质量提升和技术换代升级。推动产业投资进入端改革,激励新的高效率企业进入替代在位的低效率企业,释放熊彼特主义"破坏性创新"效应。第二,推动创新要素自由流动,提高高级要素培育供给能力,扩大要素公平竞争。推进劳动力跨区域跨国界有序流动,适度放松海外技术、管理、服务人才等高级人力资本向本国移民的限制。阶段性增强知识产权保护,激活技术专利供给市场。第三,进一步激励达到国际前沿技术水平的外资企业进入国内,借助国际知识溢出效应,同时利用外企引进引致的竞争创新效应,建立逐步统一的内企、外企负面投资清单名录,激励国企、民企和外企在国内、国际市场上公平竞争。

(二)实施阶梯递进、行业有别的知识产权保护政策

"一刀切"的知识产权政策忽略了不同产业技术水平以及对知识产权保护依赖的异质性,导致一些产业知识产权保护过度,而另一些产业知识产权保护不足。当本国或行业的技术水平极为落后时,仍然可以按门槛型知识产权保护的建议,维持较低的知识产权保护水平。但是对世界大部分非前沿经济体或经济体在技术差距收敛过程中的大部分区间而言,实施递进型知识产权保护政策均是较好的。因此,对大多数非前

---

[1] 中国的经济增长数据显示,中国 2015 年人均 GDP 接近 8000 美元,而 2011—2015 年来的经济增速呈现较为明显的阶梯下滑趋势,表明正在经历着"艰难且棘手"的中等收入阶段。从技术维度来看,中国制造业的总体技术水平与国际技术前沿相比,已由过去的 1/5 升至当前的 1/2 左右,可以认为中国总体上已经处于国际准技术前沿阶段。

沿经济体来说，第一，应依据其技术阶梯提升趋势，动态调整知识产权保护政策。第二，在国内各行业层面，应依据各行业与国际技术前沿的距离以及对知识产权保护的依赖性，实施阶梯递进、行业有别的知识产权保护政策。

（三）逐步实施由引进资本、引进知识转向引进竞争的外资利用政策

对于已处于准技术前沿阶段的经济体而言，应加快由过去以引进资本为主转向引进竞争为主的外资利用政策。第一，为继续发挥外资企业溢出效应，应加快由原来通过"超国民待遇"政策吸引外资，转向"同国民待遇"，同时选择具有更高世界技术地位的外资企业，从而构建一个支撑溢出效应发挥的适度差距空间。第二，更重要的是，基于新产品开发经验研究的结论，与溢出效应相比，竞争效应既可提升以全要素生产率表示的综合技术水平，也可加快以新产品产值增长率表示的产业创新升级速度，这对特别是以中国为代表的、总体技术水平已处于准前沿阶段的国际准前沿经济体而言，具有显著的外资政策含义。因此应由促进原来的"边境开放"转向"境内全面开放"，构建对外资、国资、民资同等对待的要素配置和产品市场自由竞争环境，通过竞争效应机制，加速国内企业的技术水平提升和产业升级换代。

（四）实施强度适中的竞争兼容型补贴政策

对于国际准前沿经济体，竞争引致的创新效应对技术进步具有主导作用，该阶段实施竞争兼容型补贴，既可弥补企业创新的外部性，又可诱导更多潜在企业进入市场，扩大竞争。第一，实施竞争型补贴政策，即适当提高补贴竞争兼容性。特别是对处于初创和成长时期的高技术产业，其生产模式和技术范式并不确定，本质上需要更多潜在企业进入行业并通过企业间频繁的试错性研发和产品竞争，才能最终由市场决定出"谁是战略性行业，谁是行业胜利者，由谁制定技术标准"，因此补贴政策要避免人为选定"白马"，应通过更广泛、更均质的补贴覆盖，弥补企业进入新兴产业需要付出的"失败"风险和"成功"外溢性，诱导更多潜在企业进入行业从而促进竞争和创新，最后由市场挑选出"黑马"。第二，保持补

贴强度适中,即竞争型补贴政策可在一定程度上通过激励竞争规避补贴对创新的负面作用,但如果企业接受补贴强度本身过大,会使企业失去对市场需求规模和市场竞争程度的独立判断及反应敏感性,有可能导致企业在已经处于高度竞争状态的行业中僵持甚至"扩大生产以换取更多补贴",引致产能过剩的出现。第三,动态调整补贴政策。重点关注行业竞争强度变化,针对竞争强度不足的行业实施力度适中的竞争型补贴,当行业竞争强度过大时,应及时调整直至取消激励机制。

三、进一步拓展方向

本书实质上属于发展经济学范畴,全书以发展中经济体的技术差距收敛和技术追赶为线索,试图全面分析市场竞争、知识产权保护、外资企业引入以及政府补贴等四大常见激励工具的技术创新效应,以及随着技术差距动态而可能发生的动态非线性效应。这对发展中经济体从远离前沿到国际准前沿发展过程中的技术进步模式转变以及技术进步激励体系转型具有重要启发意义。当前文献对该领域的研究并不多见,本书做出初步尝试,但仍然存在如下有待深入研究之处。

第一,在理论框架上,虽然本书力图整合 Barro and Sala-i-Martin (1997) 以来的技术扩散模型和 Aghion et al. (1992、1997、2005)、Acemoglu et al. (2006)以来的熊彼特主义增长模型,构建出一个纳入技术差距的熊彼特主义增长模型,并可同时讨论分析市场竞争、知识产权保护、外资进入、政府补贴等影响企业创新行为和技术进步,观察各种激励工具在非前沿经济体技术差距动态条件下的技术进步效应的动态变化。然而,要完成实现上述分析目的的一致模型具有挑战性。本书在该方面存在较大不足,比如在分析外资进入对非前沿经济体的溢出效应与竞争效应时,并没有考虑非前沿经济体的知识产权保护变量对外资进入的影响。实际上大量文献(Lai,1998;Glass and Saggi,2002)已经指出知识产权保护对外资企业技术溢出途径选择具有重要影响。最近,Chu et al. (2014)已经在一个更为一般的熊彼特主义的模型内讨论了外资企业进入以及知识产权保护变量的影响,在此基础上建立一个可同时讨论分析市场竞争、递进型知识产权保护、外资进入、政府补贴等影响技术进步的一致的熊彼特主义模型，是一件极具挑战但极富意义的理论拓展工作。

第二，在实证研究上，本书在若干章中使用的是中国省级面板数据、中国工业企业数据递进型知识产权保护、外资进入以及政府补贴的技术进步效应。使用中国数据的优势在于可以规避使用跨国面板数据时因国家间巨大制度异质性以及大量数据缺失带来的异方差、内生性等问题，但是以中国数据的计量结果来推论非前沿经济体各种激励工具的效应时，可能欠缺一定代表性。另外在具体的计量模型和方法上，仍有待进一步深化和完善。比如，在对平齐型、门槛型和递进型知识产权保护的效应检验上，虽然理论模型可以刻画递进型相比平齐型知识产权保护更能激励不同技术阶梯上的企业扩大研发，然而，在计量分析时，实际上很难找到满足模型定义的针对性样本。一个严谨的计量模型设计，应使用 PSM 匹配方法，找到施行平齐型知识产权保护的国家样本，作为控制组，另外则是施行递进型知识产权保护的国家样本，作为处理组，然而，根据 Park(2008)的测算，实际上随着时间趋势变化，几乎所有国家的知识产权保护水平均逐渐提升，使得控制组的寻找面临困难。当然，为计量验证递进型与平齐型知识产权保护的技术进步绩效的优劣，这一工作仍然值得拓展。

参考文献

[1] Acemoglu, D. , Aghion, P. & Zilibotti, F. , Distance to Frontier, Selection, and Economic Growth [J]. Journal of the European Economic Association, 2006, (1):37-74.

[2] Acemoglu, D. & Akcigit, U. , Intellectual Property Rights Policy, Competition and Innovation[J]. Journal of the European Economic Association, 2012, (10):1-42.

[3] Aghion, P. , Bloom, N. , Blundell, R. , Griffith, R. & Howitt, P. , Competition and Innovation: An Inverted-U Relationship[J]. Quarterly Journal of Economics, 2005, (2):701-728.

[4] Aghion, P. , Blundell, R. , Griffith, R. , Howitt, P. & Prantl, S. , The Effects of Entry on Incumbent Innovation and Productivity[J]. The Review of Economics and Statistics, 2009, (1):20-32.

[5] Aghion, P. , Cai, J. , Dewatripont, M. , Du L. , Harrison, A. & Legros, P. , Industrial Policy and Competition[J]. American Economic Journal: Macroeconomics, 2015, (4):1-32.

[6] Aghion, P. , Harris, C. & Vickers, J. Competition and Growth with Step-by-Step Innovation: An Example [J]. European Economic Review, 1997, (41):771-782.

［7］ Aghion,P.，Harris,C.，Howitt,P. & Vickers,J.，Competition, Imitation and Growth with Step-by-step Innovation［J］. Review of Economic Studies,2001,(3):467 - 492.

［8］ Aghion,P. & Howitt,P.，A Model of Economic Growth Through Creative Destruction［J］. Econometrica,1992,(2):321 - 351.

［9］ Aghion,P.，Howitt,P. & Prantl,S.，Revisiting the Relationship Between Competition,Patenting and Innovation［M］//D. Acemoglu,M. Arellano & E. Dekel (eds),Advances in Economics and Econometrics, Cambridge:Cambridge University Press,2013.

［10］ Aghion,P.，Howitt,P. & Prantl,S.，Patent Rights,Product Market Reforms,and Innovation［J］. Journal of Economic Growth, 2015,(20):223 - 262.

［11］ Aitken,B. & Harrison,A.，Do Domestic Firms Benefit from Direct Foreign Investment? Evidence from Venezuela［J］. American Economic Review,1999,(89):605 - 618.

［12］ Anton,J.，Greene,H. & Yao,D.，Policy Implications of Weak Patent Rights［J］. Innovation Policy and the Economy,2006,(6):1 - 26.

［13］ Arellano,M. & Bond,S.，Some Tests of Specification for Panel Data:Monte Carlo Evidence and an Application to Employment Equation［J］. Review of Economic Studies,1991,(58):277 - 298.

［14］ Arrow,K.，The Economic Implications of Learning by Doing［J］. Review of Economic Studies,1962,(29):155 - 173.

［15］ Backus,D. K. & Kehoe,P. K.，International Evidence on the Historical Properties of Business Cycles［J］. The American Economic Review,1992,(4):864 - 888.

［16］ Barro,R. J. & Sala-i-Martin. X.，Economic Growth［M］. Boston: McGraw-Hill,1995.

［17］ Barro,R. J. & Lee,J.-W.，A New Data Set of Educational Attainment in the World: 1950-2010[J]. Journal of Development Economics, 2013,(104):184 – 198.

[18] Basu,S. & Weil,D. N. ,Appropriate Technology and Growth[J]. The Quarterly Journal of Economics,1998,(4):1025 – 1054.

[19] Beneito, P. , Rochina-Barrachina, M. E. & Sanchis, B. , Patents, Competition,and Firms' Innovation Incentives[J]. Industry and Innovation,2014,(4):285 – 309.

[20] Benhabib,J. & Spiegel,M. ,The Role of Human Capital in Economic Development:Evidence from Aggregate Cross-country Data[J]. Journal of Monetary Economics,1994,(2):143 – 173.

[21] Benhabib, J. , Perla, J. & Tonetti, C. , Catch-up and Fall-back Through Innovation and Imitation[J]. Journal of Economic Growth, 2014,(1):1 – 35.

[22] Bernard, A. , Eaton, J. , Jensen, J. & Kortum, S. , Plants and Productivity in International Trade[J]. American Economic Review, 2003,(93):1268 – 1290.

[23] Blundell,R. & Bond,S. ,Initial Conditions and Moment Restrictions in Dynamic Panel Data Models[J]. Journal of Econometrics, 1998, (87):115 – 143.

[24] Boldrin,M. & Levine,D. K. ,Against Intellectual Monopoly[M]. New York:Cambridge University Press,2008.

[25] Borensztein, E. , Gregorio, J. & Wee, J-W. How Does Foreign Direct Investment Affect Economic Growth? [J]. Journal of International Economics,1998,(45):115 – 135.

[26] Branstetter,L. & K. Saggi. ,Intellectual Property Rights,Foreign Direct Investment and Industrial Development[J]. The Economic Journal,2011,(121):1161 – 1191.

[27] Caves,R. E. ,International Corporations:The Industrial Economics of Foreign Investment[J]. Economica,1971,(38):1 – 27.

[28] Caves, R. E., Multinational Firms, Competition, and Productivity in Host-Country Markets[J]. Economica, 1974, (162):176 – 193.

[29] Chen, Y. & Puttitanun, T., Intellectual Property Rights and Innovation in Developing Countries[J]. Journal of Development Economics, 2005, (78):474 – 493.

[30] Chu, A. C., Cozzi, G. & Galli, S., Stage-dependent Intellectual Property Rights[J]. Journal of Development Economics, 2014, (106):239 – 249.

[31] Chuang, Y., Learning by Doing, Technology Gap, and Growth[J]. International Economic Review, 1998, (3):697 721.

[32] Coe, D. T. & Helpman, E., International R&D Spillovers[J]. European Economic Review, 1995, 39:859 – 887.

[33] Currie, D., Levine, P., Pearlman, J. & Chui, M., Phases of Imitation and Innovation in a North-South Endogenous Growth Model[J]. Oxford Economics Papers, 1999, (51):60 – 88.

[34] D'Aspremont, C. & Jacquemin, A., Corperation and Noncorperation R&D in Duopoly with Spillovers[J]. American Economic Review, 1988, (78):1133 – 1137.

[35] De Loecker, J. & Warzynski, F., Markups and Firm-Level Export Productivity[J]. The American Economic Review, 2012, (6):2437 – 2471.

[36] Deardorff, A. V., Welfare Effects of Global Patent Protection[J]. Econometrica, 1992, (233):35 – 51.

[37] Dimelis, S. & Louri, H., Foreign Ownership and Production Efficiency: A Quantile Regression Analysis[J]. Oxford Economic Paper, 2002, (3):449 – 469.

[38] Diwan, I. & Rodrik, D., Patents, Appropriate Technology, and North-South Trade[J]. Journal of International Economics, 1991, (30):27 – 47.

[39] Djankov,S. ,Porta,R. ,Lopez-de-Silanes,F. & Shleifer A. ,The Regulation of Entry[J]. The Quarterly Journal of Economics, 2002,(1):1 - 37.

[40] Ederington,J. & Maccalman,P. ,Infant Industry Protection and Industrial Dynamics[J]. Journal of International Economics,2011, (1):37 - 47.

[41] Edwards,S. ,Trade,Productivity and Growth:What Do We Really Know? [J]. The Economic Journal,1998,(447):383-98.

[42] Falvey,R. ,Foster N. & Greenway D. ,Intellectual Property Rights and Economic Growth[J]. Review of Development Economics,2006, (4):700 - 719.

[43] Findlay,R. ,Relative Backwardness,Direct Foreign Investment, and the Transfer of Technology:A Simple Dynamic Model[J]. Quarterly Journal of Economics,1978,(1):1 - 16.

[44] Gerschenkron,A. ,Economic Backwardness in Historical Perspective [M]. Cambridge:Harvard University Press,1962.

[45] Gill,I. & Kharas,H. ,An East Asian Renaissance:Ideas for Economic Growth[M]. Washington:The World Bank,2007:17 - 18.

[46] Ginarte,J. C. & Park,W. G. ,Determinants of Patent Rights:A cross-National Study[J]. Research Policy,1997,(3):283 - 301.

[47] Glass A. J. & Saggi K. ,Intellectual Property Right and Foreign Direct Investment[J]. Journal of International Economics,2002, (2):387 - 410.

[48] Glass,A. J. & Saggi,K. ,International Technology Transfer and the Technology Gap[J]. Journal of Development Economics,1998, (2):369 - 398.

[49] Goh,Ai-Tang & Oliver,J. ,Learning by Doing,Trade in Capital Goods and Growth[J]. Journal of International Economics,2002, (2):411 - 444.

［50］ Görg,H. & Greenway,D. ,Much Ado About Nothing? Do Domestic Firms Really Benefit from Foreign Direct Investment? ［J］. The World Bank Research Observer,2004,19(2):171－197.

［51］ Gould,D. M. & Gruben,W. C. ,The Role of Intellectual Property Rights in Economic Growth［J］. Journal of Development Economics, 1996,(48):323－350.

［52］ Greenwood,J. ,Hercowitz,Z. & Krusell,P. ,Long-run Implication of Investment-Specific Technological Change［J］. The American Economic Review,1997,(87):342－362.

［53］ Grossman,G. M. & Helpman, E. , Trade, Knowledge Spillovers and Growth［J］. European Economic Review, 1991a, (35): 517－ 526.

［54］ Grossman,G. M. & Helpman, E. ,Quality Ladders and Product Cycles［J］. Quarterly Journal of Economics,1991b,(106):557－ 586.

［55］ Grossman,G. M. & Helpman E. ,Quality Ladders in the Theory of Growth［J］. Review of Economic Studies,1991c,58:43－61.

［56］ Haaland,J. I. & Kind, H. J. , R&D Policy, Trade and Process Innovation［J］. Journal of International Economics, 2008, (74): 170－187.

［57］ Hall,B. H. & Harhoff,D. ,Recent Research on the Economics of Patents［J］. Annual Review of Economics,2012,(4):541－565.

［58］ Hausmann, R. & Rodrik, D. , Economic Development as—Self-Discovery［J］. Journal of Development Economics,2003,(2):603－ 633.

［59］ Helpman, E. , Innovation, Imitation and Intellectual Property Rights ［J］. Econometrica,1993,(61):1247－1280.

［60］ Helpman,E. ,Melitz,M. J. & Yeaple,S. R. ,Export Versus FDI with Heterogeneous Firms［J］. American Economic Review,2004,

(94):300 - 316.

[61] Hoff,K.,Bayesian Learning in an Infant Industry Model[J]. Journal of International Economics,1997,(43):409 - 436.

[62] Hopenhayn,H. & Matthew F. M.,Innovation Variety and Patent Breadth[J]. RAND Journal of Economics,2001,(32):152 - 166.

[63] Jefferson,G. H.,Bai Huamao,Guan Xiaojing & Yu Xiaoyun, R&D Performance in Chinese Industry[J]. Economics of Innovation and New Technology,2006,(4/5):345 - 366.

[64] Johnson,H. G.,The Efficiency and Welfare Implications of the International Corporation [M]//C. P. Kindleberger (ed.) the International Corporation,Cambridge:MIT Press,1970:35 - 56.

[65] Jones,C. L.,Time Series Tests of Endogenous Growth Models [J]. Quarterly Journal of Economics,1995,(110):495 - 525.

[66] Judd,K. L.,On the Performance of Patents[J]. Econometrica, 1985,(53):567 - 585.

[67] Katz,M. L. & Shapiro,C.,R&D Rivalry with Licensing or Imitation[J]. The American Economic Review,1987,(3):402 - 420.

[68] Kehoe,T. J. & Meza,F.,Catch-up Growth Followed by Stagnation: Mexico,1950-2010[J]. Latin American Journal of Economics,2011, (48):227 - 268.

[69] Keller,W.,International Technology Diffusion [J]. Journal of Economic Literature,2004,(9):3 - 42.

[70] Klemperer,P.,How Broad Should the Scope of Patent Protection Be? [J]. RAND Journal of Economics,1990,(21):13 - 30.

[71] Krugman,P.,The Narrow Moving Band,the Dutch Disease,and the Competitive Consequences of Mrs. Thatcher:Notes on Trade in the Presence of Dynamic Scale Economies[J]. Journal of Development Economics,1987,(27):41 - 55.

[72] Krugman, P., The Myth of Asia's Miracle[J]. Foreign Affairs, 1994,(6):62 - 78.

[73] Lai, E., International Intellectual Property Rights Protection and Rate of Product Innovation[J]. Journal of Development Economics, 1998,(55):133 - 153.

[74] Leahy, D. & Neary, J. P., Multilateral Subsidy Games[J]. Economic Theory, 2007,(1):41 - 66.

[75] Leahy, D. & Neary, J. P., Public Policy towards R&D in Oligopolistic Industries[J]. American Economic Review, 1997,(87):1133 - 1137.

[76] Leahy, D. & Neary, J. P., R&D Spillovers and the Case for Industrial Policy in and Open Economy[J]. Oxford Economic Paper, 1999, (51):40 - 99.

[77] Licht, G. & Zoz, K., Patents and R&D an Econometric Investigation Using Applications for German, European and US Patents by German Companies[J]. The Economics and Econometrics of Innovation, 1998, (49/50):329 - 60.

[78] Lin, J. Y. & Monga, C., Growth Identification and Facilitation: The Role of the State in the Dynamics of Structural Change[R]. World Bank Policy Research Working Paper Series, 2011.

[79] Liu, Z., Foreign Direct Investment and Technology Spillovers: Theory and Evidence[J]. Journal of Development Economics, 2008,(85):176 - 193.

[80] Lucas, R. E., On the Mechanics of Economic Development[J]. Journal of Monetary Economics, 1988,(22):3 - 42.

[81] Lucas, R. E., Making a Miracle[J]. Econometrica, 1993,(2):251 - 272.

[82] MacDougall, G. D., A. The Benefits and Costs of Private Investment from Abroad: A Theoretical Approach[J]. Economic Record, 1960, (73):13 - 35.

[83] Mansfield, E., Patents and Innovation: An Empirical Study[J].

Management Science,1986,(2):173 - 181.

[84] Markusen,J. R. & Venables,A. J. ,Foreign Direct Investment as a Catalyst for Industrial Development [J]. European Economic Review,1999, (2):335 - 356.

[85] Matsuyama,K. ,Agricultural Productivity,Comparative Advantage,and Economic Growth[J]. Journal of Economic Theory, 1992, (2):317 - 334.

[86] Matutes,C. ,Pieree,R. & Katharine. R. ,Optimal Patent Design and the Diffusion of Innovation[J]. RAND Journal of Economics, 1996,(27):60 - 83.

[87] Melitz,M. J. ,When and How Should Infant Industries Be Protected [J]. Journal of International Economics,2005,(66):177 - 196.

[88] Miyagiwa,K. & Ohnob,Yuka,Strategic R&D Policy and Appropriablity [J]. Journal of International Economics,1997,(42):125 - 148.

[89] Neary,T. P. & Leahy,D. ,Revenue Constrained Strategic Trade and Industrial Policy[J]. Economics Letters,2004,(3):409 -414.

[90] Nelson,R. R. & Phelps, E. S. ,Investments in Humans, Technological Diffusion and Economic Growth[J]. American Economic Review, Papers and Proceedings,1966,(2):69 - 75.

[91] Nickell,S. J. ,Competition and Corporate Performance[J]. Journal of Political Economy,1996,(8):4 - 104.

[92] Nordhaus, W. D. , Invention,Growth,and Welfare:A Theoretical Treatment of Technological Change [M]. Cambridge: Harvard University Press,1969.

[93] O'Donoghue,T. & Zweimuller,J. ,Patents in a Model of Endogenous Growth[J]. Journal of Economic Growth,2004,(1):81 - 123.

[94] Ohno,K. , Avoiding the Middle-Income Trap: Renovating Industrial Policy Formulation in Vietnam[J]. ASEAN Economic Bulletin, 2009,(1):25 - 43.

［95］Rivera-Batiz L. A. & Romer, P. M. , Economic Integration and Endogenous Growth［J］. Quarterly Journal of Economics, 1991, (106):531－556.

［96］Lucas, R. E. J. , On the Mechanics of Economic Development［J］. Journal of Monetary Economics, 1988, (1):3－42.

［97］Romer, P. M. , Growth Based on Increasing Return Due to Specialization ［J］. American Economic Review, 1987, (77):56－62.

［98］Romer, P. M. , Endogenous Technological Change［J］. The Journal of Political Economy, 1990, (5), S71－S102.

［99］Sakakibara, M & Branstetter, L. , Do Stronger Patents Induce More Innovation? Evidence from the 1988 Japanese Patent Law Reforms［J］. The RAND Journal of Economics, 2001, (1): 77－100.

［100］Sattar, A. & Mahmood, T. , Intellectual Property Rights and Economic Growth: Evidence From High, Middle and Low Income Countries［J］. Pakistan Economic and Social Review, 2011, (2): 163－186.

［101］Scherer, F. M. , "Nordhaus" Theory of Optimal Patent Life: A Geometric Reinterpretation ［J］. American Economic Review, 1972, (62):422－427.

［102］Schneider, P. H. , International Trade, Economic Growth, and Intellectual Property Rights: A Panel Data of Developed and Developing Countries［J］. Journal of Development Economics, 2005, (78):529－547.

［102］Schumpeter, J. A. , The Theory of Economic Development ［M］. Cambrige: Harvard University Press, 1934.

［104］Solow, R. M. , A Contribution to the Thoery of Economic Growth ［J］. Quarterly Journal of Economics, 1956, (70):65－94.

［105］Spence, M. A. , Cost Reduction, Competition and Industry Performance

[J]. Econometrica,1984,(1):101 - 121.

[106] Stiglitz. J. E. ,Greenwald,B. Helping Infant Economies Grow: Foundations of Trade Policies for Developing Countries[J]. The American Economic Review,2006,(2):141 - 146.

[107] Stiglitz. J. E. ,Leaders and followers:Perspectives on the Nordic Model and the Economics of Innovation[J]. Journal of Public Economics,2015,(127):3 - 16.

[108] Stokey,N. L. ,Human Capital,Product Quality,and Growth[J]. Quarterly Journal of Economics,1991,(2):587 - 616.

[109] Stokey,N. L. ,Catching Up and Falling Behind[J]. Journal of Economic Growth,2015,(1):1 - 36.

[110] Sutthiphisal,D. ,The Geography of Invention in High-and Low- Technology Industries:Evidence from the Second Industrial Revolution [J]. The Journal of Economic History,2006,(2):492 - 496.

[111] Thompson,M. A. & Rushing,F. W. ,An Empirical Analysis of the Impact of Patent Protection on Economic Growth[J]. Journal of Economic Development,1996,(2):61 - 79.

[112] Walz,U. ,Innovation,Foreign Direct Investment and Growth[J]. Economica,1997,(253):63 - 79.

[113] Xu, B. , Multinational Enterprises, Technology Diffusion, and Host Country Productivity Growth[J]. Jounal of Development Economics,2000,(2):477 - 493.

[114] Yang, G. F. & Maskus, K. E. , Intellectual Property Rights, Licensing,and Innovation in an Endogenous Product Cycle Model [J]. Journal of International Economics,2001,(1):169 - 187.

[115] Young,A. ,Learning by Doing and the Dynamic Effects of International Trade[J]. Quarterly Journal of Economics,1991,(2):369 -405.

[116] Young,A. ,The Tyranny of Numbers:Confronting the Statistical Realities of the East Asian Growth Experience [J]. Quarterly

Journal of Economics,1995,(110):641-680.

[117] 蔡昉."中等收入陷阱"的理论、经验与针对性[J].经济学动态,2012,(12):4-9.

[118] 代中强,张二震.经济发展、外部约束与知识产权保护的实证研究[J].中国软科学,2011,(4):54-67.

[119] 韩玉雄,李怀祖.知识产权保护对经济增长的影响:一个基于垂直创新的技术扩散模型[J].当代经济科学,2003,(2):33-41.

[120] 黄先海.后发国的蛙跳型经济增长:一个分析框架[J].经济学家,2005,(2):41-47.

[121] 黄先海,刘毅群.设备投资、体现型技术进步与生产率增长:跨国经验分析[J].世界经济,2008,(4):47-61.

[122] 黄先海,宋学印,诸竹君.中国产业政策的最优实施空间[J].中国社会科学文摘,2015,(9):83-84.

[123] 黄先海,谢璐.中国汽车产业战略性贸易政策效果的实证研究:R&D补贴政策与出口补贴政策之比较[J].世界经济研究,2005,(12):59-63.

[124] 吉亚辉,祝凤文.技术差距、"干中学"的国别分离与发展中国家的技术进步[J].数量经济技术经济研究,2011,(4):49-63.

[125] 李稻葵.突破中等收入陷阱的路线图[J].经济研究,2014,(1):23-25.

[126] 李海铮,李波,裘越芳,郭大治,唐棠.中国人力资本的度量:方法、结果与应用[J].中央财经大学学报,2014,(1):5-69.

[127] 林毅夫.新结构经济学:反思经济发展与政策的理论框架[M].北京:北京大学出版社,2012:1-232.

[128] 刘培林.中国潜在增速不会快速向均值回归——与萨默斯等商榷增长机制与增速前景[J].重庆理工大学学报(社会科学版),2015,(12):1-4.

[129] 刘思明,侯鹏,赵彦云.知识产权保护与中国工业创新能力——来自省级大中型工业企业面板数据的实证研究[J].数量经济技

经济研究,2015,(3):40-57.

[130] 刘小鲁.知识产权保护、自主研发比重与后发国家的技术进步[J].管理世界,2011,(10):10-19,187.

[131] 罗德明,周嫣然,史晋川.南北技术转移、专利保护与经济增长[J].经济研究,2015,(6):46-58.

[132] 毛其淋,许家云.政府补贴对企业新产品创新的影响——基于补贴强度"适度区间"的视角[J].中国工业经济,2015,(6):94-107.

[133] 潘士远.最优专利制度、技术进步方向与工资不平等[J].经济研究,2008,(6):127-136.

[134] 沙文兵.技术差距、FDI知识溢出与内资企业创新能力——基于中国高技术产业的实证检验[J].经济经纬,2013,(3):58-62.

[135] 邵敏,包群.政府补贴与企业生产率:基于我国工业企业的经验分析[J].中国工业经济,2012,(7):70-82.

[136] 沈坤荣,孙文杰.市场竞争、技术溢出与内资企业R&D效率——基于行业层面的实证研究[J].管理世界,2009,(1):38-48.

[137] 史宇鹏,顾全林.知识产权保护、异质性企业与创新:来自中国制造业的证据[J].金融研究,2013,(8):136-149.

[138] 唐未兵,傅元海,王展祥.技术创新、技术引进与经济增长方式转变[J].经济研究,2014,(7):31-43.

[139] 佟家栋,彭支伟.从"干中学"到"加工中学"——经济全球化背景下的国际分工、技术外溢与自主创新[J].南开大学学报(哲学社会科学版),2007,(6):71-81.

[140] 王宇,刘志彪.补贴方式与均衡发展:战略性新兴产业成长与传统产业调整[J].中国工业经济,2013,(8):57-69.

[141] 魏枫.技术进步视角经济赶超与停滞的原因研究[J].经济学家,2014,(3):16-24.

[142] 吴延兵.自主研发、技术引进与生产率——基于中国地区工业的实证研究[J].经济研究,2008,(11):51-64.

[143] 谢建国,周春华.研发效率、技术溢出与政府的创新补贴[J].南方

经济,2012,(1):28-37.

[144] 谢千里,罗斯基,张轶凡.中国工业生产率的增长与收敛[J].经济学(季刊),2008,(3):809-826.

[145] 杨高举,黄先海.中国会陷入比较优势陷阱吗?[J].管理世界,2014,(5):5-22.

[146] 杨建芳,龚六堂,张庆华.人力资本形成及其对经济增长的影响——一个包含教育和健康投入的内生增长模型及其检验[J].管理世界,2006,(5):10-18,34,171.

[147] 杨先明,秦开强.物化性技术进步与索洛增长核算悖论[J].财经科学,2015,(8):131-140.

[148] 姚利民,饶艳.中国知识产权保护的水平测量和地区差异[J].国际贸易问题,2009,(1):114-120.

[149] 姚洋,崔静远.中国人力资本的测算研究[J].中国人口科学,2015,(1):70-78.

[150] 易先忠.技术差距双面效应与主导技术进步模式[J].财经研究,2010,(7):39-48.

[151] 岳书敬.中国省级区域经济增长及差距的经验研究[J].财经科学,2008,(3):108-116.

[152] 张德荣."中等收入陷阱"发生机理与中国经济增长的阶段性动力[J].经济研究,2013,(9):17-29.

[153] 张其仔.中国能否成功地实现雁阵式产业升级[J].中国工业经济,2014,(6):18-30.

[154] 张望.知识产权保护、金融市场效率与企业研发强度[J].国际贸易问题,2014,(9):77-87.

[155] 郑秉文."中等收入陷阱"与中国发展道路——基于国际经验教训的视角[J].中国人口科学,2011,(1):2-15.

[156] 周黎安,张维迎,顾全林,汪淼军.企业生产率的代际效应和年龄效应[J].经济学(季刊),2007,(4):1297-1318.

附　录

作者攻读博士学位期间主要科研成果

一、论文

1.《中国产业政策的最优实施空间界定》,《中国工业经济》,2015 年第 4 期,第二作者;

2.《中国出口企业阶段性低加成率陷阱》,《世界经济》,2016 年第 3 期,第三作者;

3.《中国中间品进口企业"低加成率之谜"》,《管理世界》,2016 年第 6 期,第三作者;

4.《再创体制新优势再造浙江新动力》,《浙江社会科学》,2014 年第 10 期,第二作者;

5.《中国企业对外直接投资促进了加成率提升吗?》,《数量经济技术经济研究》,2016 年第 6 期,第三作者。

二、图书

《开启迈向美好社会新征程——浙江省"十三五"规划基本思路（要点摘编）》,浙江大学出版社,2015 年,编制组成员。

三、课题

（一）纵向

1."全球生产网络、知识产权保护与中国外贸竞争力提升研究",国家社科基金重大项目,负责子项目撰写;

2."我国战略性新兴产业培育发展的机制、路径与政策研究",国家社科基金重点项目,负责子项目撰写;

3."开放战略转型与民营经济发展",教育部重点研究基地重大项目,参与子项目撰写;

4."加快要素自由流动的对外贸易战略转型研究",国家社科基金重点项目,负责子项目撰写。

（二）横向

1."丹东沿边国家重点开发开放试验区规划",省部级,编写子课题;

2."宁夏内陆开放型经济试验区规划",省部级,编写子课题;

3."浙江省'十三五'规划总体思路研究",省部级,编写子课题。

后　记

　　惊风飘白日,光景驰西流。从 2012 年秋天走进浙大玉泉,匆匆已过四年时间,虽说长不长,却是日后整个生活中至为重要的一环。如今蓦然回首过去,那些与学校、与恩师、与同学结下的深厚情感,连同金秋中这即将定稿的博士论文,共同成为人生中的重要收获。

　　导师黄先海教授是指引我获取所有丰收的起点和支点。作为最重要的研究成果,我的博士论文从选方向、定大纲、做分析、成初稿到最终修改定稿,都受黄老师的启发、批评和指引。他对文章一针见血的建言,总让我在研究困惑时顿感开朗;他对文章一丝不苟的严格要求,总让我在略有懈怠时奋而再起。简而言之,我从黄老师这里学到的是整个系统的学术方法和严谨勤勉的治学态度,这是我过去四年中最重要的人生成长和品格增进。

　　我四年以来的学术成长同样与浙大经济学院诸多老师的悉心教导不可分割。感谢参加开题答辩、预答辩的张旭昆老师、潘士远老师、肖文老师、马述忠老师、罗德明老师,他们为我提出的针对性意见对论文中期写作、后期修改具有重要的帮助,使我对整个研究的研究框架、研究重点、研究难点特别是容易出现的问题有了更清晰的把握。知识来源于厚积薄发,博士论文写作的知识背景来源于经济学院各位授课老师的悉心教导,在此要感谢经济学院顾国达老师、蒋岳祥老师、汪森军老师、朱希伟老师、陆菁老师、叶建亮老师等任课老师,是你们无私地将经济学的基础知识和研究方法传授给我。

另外还要感谢黄门的各位同门师兄师姐师弟师妹在生活与学习上给予我的帮助,在数次研讨会的知识交流和讨论过程中,你们的观点和意见同样使我颇受启发,而与你们日常相处的点点滴滴,更是润物细无声般,滋养着我们的友谊!

特别感谢家人,家人的爱和支持是无声的,却是无尽的力量。

最后感谢浙江大学,愿母校的明天如同这美丽的金秋所昭示的——硕果累累!

宋学印

于浙江大学求是园

2016 年 9 月